D1698823

Jacob Alberts 1860 - 1941
Retrospektive

Schriften des Nordfriesischen Museums
Ludwig-Nissen-Haus, Husum
Nr. 53
herausgegeben von Klaus Lengsfeld

Gefördert durch das NordwestLotto. Staatliche Lotterie des Landes Schleswig-Holstein
und durch die Margarete-Lewke-Allenspach-Stiftung, Penticton, B.C., Canada

Jacob Alberts 1860 - 1941

Retrospektive
mit einem Werkverzeichnis von Hans-Jürgen Krähe

Museumsverbund Nordfriesland
Nordfriesisches Museum
Ludwig-Nissen-Haus, Husum

11. Juli bis 19. September 1999

Jacob Alberts 1860 - 1941. Retrospektive
Museumsverbund Nordfriesland
Nordfriesisches Museum Ludwig-Nissen-Haus, Husum

Schriften des Nordfriesischen Museums Ludwig-Nissen Haus, Husum Nr. 53
herausgegeben von Klaus Lengsfeld

Die Ausstellung wurde gefördert vom NordwestLotto. Staatliche Lotterie des Landes Schleswig-Holstein und von der Margarete-Lewke-Allenspach-Stiftung, Penticton B.C./ Canada

Konzeption
Uwe Haupenthal, Hans-Jürgen Krähe und Klaus Lengsfeld

Texte
Uwe Haupenthal, Hans-Jürgen Krähe und Klaus Lengsfeld

Fotos
Nordfriesisches Museum Husum, Nationalgalerie Berlin, Schleswig-Holsteinisches Landesmuseum Schloß Gottorf, Schleswig, Museumsberg Flensburg, Hamburger Kunsthalle, Kunsthandlung Gert Peters, Husum, Wolfgang Oppermann, Garding, Atelier Rheinländer, Hamburg, Hans-Jürgen Krähe

Auflage 1000

Herausgeber
Museumsverbund Nordfriesland
Nordfriesisches Museum Ludwig-Nissen-Haus Husum
Herzog-Adolf-Str. 25
25813 Husum
Tel. 04841 / 2545; Fax 04841 / 63280

Copyright
Museumsverbund Nordfriesland
Nordfriesisches Museum Husum sowie die Autoren

Gesamtherstellung
Breklumer Druckerei Manfred Siegel KG

ISBN 3-7793-6908

Inhalt

Klaus Lengsfeld
Jacob Alberts. Maler und künstlerischer Promotor
Nordfrieslands
Zur Einführung   7

Hans-Jürgen Krähe
Jacob Alberts. Leben und Werk   9

Uwe Haupenthal
Anmerkungen zur kunsthistorischen Einordnung
des Werkes von Jacob Alberts   59

Hans-Jürgen Krähe
Biographie Jacob Alberts   96

Hans-Jürgen Krähe
Ausstellungsverzeichnis   98

Hans-Jürgen Krähe
Literatur zum Werk von Jacob Alberts   100

Hans-Jürgen Krähe
Werkverzeichnis Jacob Alberts   102

Klaus Lengsfeld
Jacob Alberts - Maler und künstlerischer Promotor Nordfrieslands

Zur Einführung

Gesellschaftlich anerkannt, in der Kunstszene der Reichshauptstadt Berlin erfolgreich und in der heimatlichen Landschaft Eiderstedt volkstümlich, so etwa läßt sich die Bilanz des Malers Jacob Alberts bis zum 1. Weltkrieg umreißen. Die großformatigen Farbwiedergaben seiner wichtigsten Gemälde durch Hans Vollmer im Leipziger E. A. Seemann-Verlag 1920 können als sichtbarer Höhepunkt dieses Erfolges gelten.
Bereits 1894 widmete Reinhard Kekulé dem damals 35-jährigen Maler eine Hommage im renommierten Verlag der Gesellschaft für vervielfältigende Kunst, Wien. 1908 rühmte Robert Breuer in den Westermanns Monatsheften die „große Stille ... in allem, was er malt, eine tiefe unzerstörbare Stille". Und er fährt fort, es ist „mehr ein inneres Tönen, das sich von Herz zu Herzen pflanzt".
Zweifellos hat Ernst Sauermann 1910 gerade diese Fähigkeit und Bedeutung des Malers zu dessen fünfzigstem Geburtstag im Museum Flensburg gewürdigt, in der bislang umfassendsten Ausstellung seines Werkes. Der Katalog ist noch heute eine wichtige Quelle und verläßliche Dokumentation zur Rezeptionsgeschichte.
Der vorliegende Katalog soll diese Würdigung ergänzen und bis zur Gegenwart fortführen.
Es fällt auf, wie grundlegend sich die Haltung der kunstinteressierten Öffentlichkeit gegenüber Jacob Alberts verändert hat. Zwar berichten nach dem Ersten Weltkrieg die regionalen Zeitungen noch immer von seinen zahlreichen Aufenthalten in der Heimat, auch gibt es noch gelegentlich Ausstellungen seiner Werke, z. B. in Flensburg und Husum (1937/38). Doch nach seinem Tode 1941 findet sich nur wenig von der ehedem veröffentlichten Wertschätzung.
In den Museen des Landes wie in zahlreichen Familien und einer kleinen Anhängerschar blieben seine Arbeiten allerdings stets nicht nur als kunst- und kulturgeschichtliche Zeugnisse hoch im Kurs. Seine Malkultur ist auch heute selten erreicht, künstlerische Ausdrucksmittel, das Wesentliche der Halliglandschaft in Ölbildern so wie Jacob Alberts zum Klingen zu bringen, sind bisher nicht wieder gefunden.
Der Landrat des Kreises Husum, Dr. Heinrich Clasen, hat als Vorsitzender der Nissenstiftung für das Nordfriesische Museum schon früh u. a. zwei Hauptwerke des Malers erworben, 1932 das Ölbild „Kaffeegesellschaft", 1938 die „Beichte auf Hallig Oland". Großzügige Schenkungen und Vermächtnisse, insbesondere von Senator M. D. Ketels, Hamburg, und andere, haben den Werkbestand Jacob Alberts im Ludwig-Nissen-Haus in den folgenden Jahrzehnten zu einem Schwerpunkt der kunst- und kulturgeschichtlichen Abteilungen erweitert. Gezielte Erwerbungen mit Hilfe der Landesregierung und privaten Sponsoren ergänzten die Sammlung bis in die jüngste Zeit und bilden nun gemeinsam mit den freundlich zur Verfügung gestellten Leihgaben, vor allem des Flensburger Museums, Schloß Gottorfs und der Kunsthalle zu Kiel, den Grundstock für unsere Ausstellung und den Katalog.
Zugleich legen wir mit dieser Schrift ein Werkverzeichnis aller bisher bekannten Arbeiten des Künstlers vor. Denn zweifellos gehört Jacob Alberts zu den Malern in der deutschen Kunstgeschichte, deren Werk zwar nicht gänzlich vergessen wurde, die jedoch noch immer keine Aufarbeitung, geschweige denn eine angemessene Würdigung erfahren haben.
Nach einer langen und fundierten Ausbildung an den Akademien von Düsseldorf und München, einem Studienaufenthalt in Florenz und mehrjähriger Studien an der Académie Julian in Paris, ließ sich Alberts 1890 in Berlin nieder, wo er rasch künstlerischen und gesellschaftlichen Anschluß fand. Von Berlin aus bereiste er seine nordfriesische Heimat. Alberts schuf in den ersten Jahren als freier Maler vor allem Genrebilder, in denen er sich nicht nur mit künstlerischen Fragestellungen der Zeit auseinandersetzte, sondern vor allem auch die Fundamente einer eigenen Ästhetik erarbeitete. Unbestreitbar erreichte diese ihren Höhepunkt in den Bildern der nordfriesischen Landschaft.
Dabei war Jacob Alberts beileibe kein lokaler Künstler. Sein Wirkungskreis besaß nationale, in bestimmten Zeiten auch internationale Dimensionen. Er führte die nordfriesischen Halligen in die deutsche Malerei ein. Der Maler und sein berühmtes Motiv wurden geradezu austauschbare Synonyme. Neben Hans Peter Feddersen (1848-1941) war Jacob Alberts um die Jahrhundertwende das eigentliche Aushängeschild schleswig-holsteinischer Malerei. Unterschiedlich im Temperament und in den künstlerischen Auffassungen, entdeckten beide die nordfriesische Landschaft und ihre Bewohner.
Dies hatte bei ihnen, trotz der herrschenden Zeitströmungen, freilich nichts mit Sozialromantik zu tun. Ihre Arbeit blieb der allgemeinen künstlerischen Entwicklung um die Jahrhundertwende in Deutschland aktiv verbunden. Während jedoch der etwas ältere Feddersen zu einer realistisch-expressiven Malerei neigte, konzentrierte sich Alberts im Gegensatz dazu auf eine mehr distanziert vorgetragene, naturalistisch-abgeklärte Malweise. Die in großzügig komponierten Flächen gestaffelte Reduktion gesehener und erlebter Wirklichkeit vermittelte einen ebenso schlüssig wie überzeugend dargebrachten Reflex auf die Weite der Küstenlandschaft. Die künstlerische Konsequenz und Gradlinigkeit, die seine Bilder immer wieder auszeichneten, machten Alberts zu einem angesehenen Mitglied der 1898 gegründeten

Berliner Secession. Maler wie Max Liebermann und Walter Leistikow schätzten ihn. Mit Sammlern, Kritikern und Intellektuellen, wie Walther Rathenau, Alfred Kerr oder Reinhard Kekulé, stand er in freundschaftlicher Verbindung.

Jacob Alberts machte als Maler Karriere. Seine Bilder wurden auf zahlreichen nationalen und internationalen Ausstellungen gezeigt. Dabei hielt er ebenso Kontakt zu den konservativ-akademischen Kunstkreisen wie zu der sich mehr und mehr artikulierenden Avantgarde. Alberts stellte beispielsweise 1893 auf der Weltausstellung in Chicago aus und gehörte im Jahr davor zu den Gründungsmitgliedern der Berliner Malergruppe der „Elf", aus der heraus sich einige Jahre später die Berliner Secession entwickelte. Zahlreiche Kritiken und Aufsätze in Kunstzeitschriften machten sein Werk populär. Die erwähnte große Retrospektive im Flensburger Verein für Kunst und Kunstgewerbe anläßlich seines fünfzigsten Geburtstages im Jahre 1910 zeigte ein vielschichtiges Œuvre, das auf breite Zustimmung in bürgerlichen Kreisen stieß. Alberts war sich jedoch offenbar der Tragweite neuer künstlerischer Entwicklungen wie des Expressionismus bewußt. An dessen formaler und inhaltlicher Ausgestaltung konnte und wollte er wohl nicht mehr teilnehmen.

Aus diesem Grunde verlegte er noch vor dem Ersten Weltkrieg seinen Wohnsitz aus der Metropole Berlin in das beschaulichere Hamburg. In den nahegelegenen Regionen Vierlanden und Holstein fand er zudem neue Motive, die ihn künstlerisch herausforderten und seine Malerei noch einmal beflügelten. Bis ins hohe Alter hielt sich Alberts alljährlich einige Monate in Nordfriesland auf, malte vor Ort in der freien Natur. Noch zu seinen Lebzeiten, im Jahre 1937/38, brachten die Museen in Flensburg und Husum sein Schaffen in großen Ausstellungen an die Öffentlichkeit, sorgten noch einmal für einen späten Popularitätsschub.

Da seit der 1920 von Gustav Frenssen verfaßten Würdigung keine eigenständige größere Publikation zu Alberts mehr erschienen ist, geriet die Rezeption seines künstlerischen Werkes, trotz ungebrochener Wertschätzung, in eine bedauerliche Schieflage. Dies gilt es nun zu ändern.

Die diesjährige Ausstellung und das begleitende Katalogbuch fußen auf jahrelangen intensiven Recherchen von Stud. Dir. a.D. Hans-Jürgen Krähe, St. Peter/Eiderstedt. Ohne seine Begeisterung, seine weitgreifende Spurensuche wäre dieser, keineswegs nur für Schleswig-Holstein wichtige Vorhaben, nicht realisiert worden. Hans-Jürgen Krähe hat als Ergebnis seiner Arbeit ein umfassendes Werkverzeichnis vorgelegt, und wertvolle, in vieler Hinsicht aufschlußreiche, biographische Details zusammengetragen. Gemeinsam mit dem von ihm erstellten Ausstellungs- und Literaturverzeichnis bietet sich nun erstmals ein tragfähiger, kunsthistorischer Betrachtungsrahmen.

So bot diese breitangelegte Arbeitsgrundlage Uwe Haupenthal, der in den vergangenen Monaten dieses Vorhaben im Museum auch redaktionell betreute, erstmals einen fundierten Gesamtüberblick über Leben und Werk des Künstlers. Seine fachwissenschaftliche Betrachtung weist Jacob Alberts' herausragende Lebensleistung in die erste Reihe schleswig-holsteinischer Maler. Beiden Autoen sind wir ebenso zu großem Dank verpflichtet wie den zahlreichen privaten und öffentlichen Leihgebern, die bereit waren, sich nicht nur für einen langen Zeitraum von ihren Schätzen zu trennen, sondern auch denen, die diese monographische Veröffentlichung durch zahllose Hinweise, Briefe und Fotos unterstützt haben.

Das NordwestLotto, Staatliche Lotterie des Landes Schleswig-Holstein in Kiel sowie die Margarete-Lewke-Allenspach-Stiftung, Penticton B.C./ Canada und die Ludwig-Nissen-Stiftung, Husum, haben die Herausgabe des Katalogbuches finanziell großzügig gefördert und so erst ermöglicht. Ihnen allen bin ich dankbar verbunden sowie, und hier nicht zum ersten Mal, dem Breklumer Verlag Manfred Siegel für die zügige und umsichtige Drucklegung.

Ausstellung und Katalog verstehen sich als neuer Anfang auf dem Wege kritischer kunsthistorischer Erörterung des Werkes von Jacob Alberts. Wir sind sicher, seine Bilder finden auf diese Weise in der kunstinteressierten Öffentlichkeit Beachtung und neue Freunde.

Hans-Jürgen Krähe
Jacob Alberts - Leben und Werk
Jacob-Alberts-Ausstellung zum 50. Geburtstag im Flensburger Kunstgewerbemuseum Sommer 1910

Am 30. Juni 1910 wurde im Kunstgewerbemuseum in Flensburg eine Ausstellung des Malers Jacob Alberts eröffnet. Sie bot die umfassende Darstellung seines malerischen und zeichnerischen Werkes und stellte eine überzeugende Würdigung zu seinem 50. Geburtstag dar. Es waren die Bilder zusammengekommen, die Alberts kennzeichnen: Darstellungen der Halligen und der Eiderstedter Marsch, Dielen aus den Vierlanden und herbstliche Waldufer ostholsteinischer Seen. Eindrucksvoll war die Reihe der Kunstfreunde, die zur Ausstellungseröffnung in den Norden Deutschlands gekommen waren. Alfred Kerr, als Schriftsteller und vor allem als Theaterkritiker in Berlin berühmt, fuhr nach Flensburg und schrieb später so begeistert über Jacob Alberts, seine Landschaft und über die Ausstellung, daß der Aufsatz in eine Huldigung überging: "Alle waren da: Landsleute von Jacob Alberts. Schleswig-Holstein in Flensburg. Und sie feierten ihn: erst mit einem Aktus, dann mit einem Mahl, bis er heiter dankte, - und hernach ging es auf ein Schiff, auf die Förde, wir fuhren alle nach Glücksburg, und hernach, abends, gab ein reicher Kornhändler oben in der Stadt ein glänzendes Fest für jeden, der hinkommen wollte ..."[1]
1910, als der Fünfzigjährige ein eindrucksvolles Lebenswerk vorzeigen konnte, ließ sich im Zentrum des deutschen Kunstgeschehens, in Berlin, erkennen, daß die Entwicklung über Jacob Alberts hinweggegangen war. Der Expressionismus, die Malerei der Jugend, ließ die Sezessionskünstler der ersten Stunde hinter sich zurück. Jacob Alberts muß diese Entwicklung gespürt und auch richtig gedeutet haben. Er verließ Berlin und zog nach Hamburg. Alfred Kerr schrieb nichts über diese Wende, aber es ist bezeichnend, daß er seinem Text über Jacob Alberts eine überraschende Beobachtung anfügt: "Doch Jacob Alberts, nach so vieler Huldigung, blieb still unten, nahm von Freunden Abschied, steckte dem Hallig-Obmann an den Hut einen Zettel, worin er bat, alle dort zu grüßen, tat einen tiefen, ruhigen Schlaf, gewiegt von der Verehrung einer herrlichen Heimat. Und nie beging den fünfzigsten Geburtstag ein Mann so schön."
Alfred Kerr hielt auch nach seiner Emigration im Jahr 1933 dem Maler die Treue. In seinem Buch "Walther Rathenau. Erinnerungen eines Freundes" schrieb der geflüchtete jüdische Schriftsteller über den 1922 ermordeten jüdischen Politiker: "Rathenau und ich hatten wenig Gemeinsames; aber einen gemeinsamen Freund, den Halligenmaler Jakob Alberts, Bauernsohn aus Schleswig. Sein Geburtshaus lag nicht weitab (von Sylt, Anm. Verf.) auf dem Hof am Westerhever. Alberts war also in dieser Himmelsgegend vertraut. Er trieb sich dort im Sommer herum, zuweilen mit mir, und schilderte mir, wie unser Freund Rathenau, wenn er mit Harden[2] nach Sylt ging, sich hier doch entspannt hat." Kerrs Buch erschien 1935 im Querido-Verlag, Amsterdam, dem deutschsprachigen Verlag für Emigranten.

Kindheit und Jugend

Jacob Alberts wurde am 30. Juni 1860 geboren. Seine Eltern waren der Landwirt Peter Jacob Alberts und Frauke Catharina, geb. Eggers. Sie wohnten auf dem Siekhof in Westerhever, einem der ältesten Haubarge Eiderstedts. Am 22. Juli 1860 war Taufe. Der vollständige Name des Kindes lautete: Jacob Eggers Alberts. Jacob Alberts war das vierte von neun Kindern. Den Elternhof übernahm später der jüngste Bruder, dessen Enkel noch heute den Siekhof bewirtschaftet. Das alte Gebäude fiel allerdings 1954 einem Brand zum Opfer.
Über seine Kindheit sind wir am besten durch Gustav Frenssen unterrichtet. Er schrieb eine Monographie über Alberts, dessen Kunst er sehr hoch achtete. Der Vater kommt dabei nicht gut weg. Der Mutter sprach Frenssen aber alle Eigenschaften zu, die sein Menschenbild auszeichnen. Besonders lebhaft malt er aus, welche segensreiche Wirkung "frisches holländisches Blut, sehr rotes, aus der großen Blütezeit dieses Landes; wer weiß: von Haarlem? von Amsterdam? von Leyden?" durch die Mutter im Jungen zur Geltung gekommen sei. [3]
In Westerhever besuchte Alberts die Dorfschule beim strengen Lehrer Schröder. Der gab den Eltern den Rat, den zwölfjährigen Jacob auf das Schleswiger Gymnasium zu schicken. Später könne der Junge dann vielleicht Pastor werden. In Schleswig gewann der Zeichenlehrer besonderen Einfluß, förderte seine auffällige zeichnerische Begabung und lenkte seine Vorstellungen auf eine künstlerische Ausbildung. Über ihn, den Schleswiger Maler Valentin Waßner, schrieb Alberts: "Mein alter Zeichenlehrer an der Domschule war ein netter und origineller Mensch. Er sah so komisch aus! Originell war auch seine Behausung und, soviel ich mich erinnere, sein ganzes Drum und Dran. Ich bewahre ihm die freundlichste Erinnerung, da er meine Begabung erkannte und mich anregte, fast täglich einige Stunden in seinem Hause zu zeichnen, und mir so die ersten Anregungen bot, Maler zu werden. Der kleine Raum, in dem wir nachmittags saßen (er rauchte stets eine lange Pfeife), war bedeckt mit Porträts und landschaftlichen Studien, die ich damals sehr bewunderte. In seiner Glanzzeit hatte er Porträts am Kopenhagener Hof gemalt."[4]

---
[1] Alfred Kerr: Jacob Alberts in Flensburg. In: "Der Tag", Nr.158, Berlin, 9. Juli 1910. - Später in: Alfred Kerr, Verweile doch! Die Welt im Licht I, Berlin 1920.
[2] Maximilian Harden (1861-1927), politischer Schriftsteller: "Die Zukunft", häufig bei Jacob Alberts in dessen Berliner Wohnung).
[3] Gustav Frenssen, Jacob Alberts. Ein deutscher Maler, Berlin 1920, S. 14.
[4] Ernst Schlee, Valentin Waßner aus Hadersleben. In: Die Heimat, 1959,

Der Direktor der Domschule, Hofrat Dr. Gidionsen, stellte dem Lehrer ein gutes Zeugnis aus, vermerkte aber auch "daß Waßner in dem Rufe steht, bei den Probezeichnungen der Schüler in zu weit gehender Weise selbst Hand anzulegen."[1]
Frenssen schilderte dies so: "Der Junge malt dumpf und gehorsam dem Alten nach. Er will Maler werden; es steht nun völlig fest. Er weiß nun auch, daß es Akademien gibt. Ja, Akademien! Man kann das Malen lernen wie ein anderes Handwerk."[2]
Einige Ölbilder aus dieser Zeit sind erhalten. Der Schüler hat sie offensichtlich "nachgemalt". Er war über die Ergebnisse glücklich, ließ die Bilder rahmen und verschenkte sie in der Familie. Vorlagen für seine Kopierarbeiten dürften Landschaftsbilder gewesen sein oder aber damals verbreitete Öldrucke.
Der Gedanke an ein Theologiestudium wurde aufgegeben. Nach der Versetzung in die Obersekunda verließ Alberts das Gymnasium. Zunächst ging der Achtzehnjährige in eine kaufmännische Ausbildung, setzte aber seine künstlerischen Studien mit Skizzen und Kopien fort. Schließlich fiel im Elternhaus 1880 die Entscheidung für ein Studium an der Düsseldorfer Kunstakademie. Der Apotheker in Garding hatte die Sache in die Hand genommen und ohne Wissen der Eltern eine Auswahl von Zeichnungen nach Düsseldorf geschickt. Bald kam der Bescheid: Jacob Alberts war aufgenommen.

Studium in Düsseldorf, München und Florenz

Am 5. April 1880 schrieb sich Alberts an der Düsseldorfer Akademie ein. Er besuchte zunächst in die Elementarklasse von Professor Andreas Müller und durfte bald auch in die Antikenklasse von Professor Peter Janssen eintreten. Dieser berühmte Lehrer hielt auf eine sorgfältige Ausbildung im Zeichnen nach antiken Plastiken, die als Gipsabgüsse, wie überall, reichlich zur Verfügung standen. Zwei solcher Zeichnungen von Alberts mit der Jahreszahl 1880 sind erhalten. Nach zwei Jahren wechselte Jacob Alberts nach München und schrieb sich am 16. Oktober 1882 an der Akademie für die Malklasse von Wilhelm Diez ein. Alberts hätte lieber unter dem jüngeren Ludwig Löfftz gearbeitet, der einer neuen Generation angehörte. Bei ihm studierte damals auch der Schleswig-Holsteiner Hans Olde. Doch die Löfftz-Klasse war überfüllt.
In München besuchte Alberts fleißig die Alte Pinakothek. Sein Lehrer Wilhelm Diez hielt viel von genauen und sachgerechten Kopien. Alberts wählte die "Ruhe auf der Flucht" von Anton van Dyck, ein Gemälde von überragender Farbigkeit. Er wußte für seine Arbeit keinen angemesseneren Platz als die heimatliche Dorfkirche in Westerhever. Bei umfangreichen Restaurierungsarbeiten 1961/62 wurde die Alberts-Kopie als Retabel einem neu gestalteten Altar eingefügt.
In den Semesterferien fuhr Alberts regelmäßig nach Hause. Dort saßen ihm die Brüder, die Nichten und die Mutter Modell. Das Porträt seiner Mutter gelangte später durch eine Stiftung in das Nordfriesische Museum in Husum. Es entstand auch eine Reihe von Studien auf der Warft des elterlichen Siekhofes. 1884 bewies Alberts seine malerische Könnerschaft im Sinne der Münchener Malschule mit dem Bild "Der Urlauber" (Abb. S. 26). Dargestellt ist ein Soldat mit lebendigen Augen und einem Lachen, das die Zähne freilegt. Dieses Soldatenbild ist gleichzeitig ein Hinweis auf die eigene Militärzeit, die Alberts 1883/84 als Einjähriger in München ableistete. Für seine künstlerische Arbeit fand er Verständnis beim Premierleutnant Hugo Bürgel. Dieser malte selbst, gab später die Offizierslaufbahn auf und erwarb sich große Verdienste als Präsident der Münchener Kunstgenossenschaft. Den Münchener Einfluß verraten auch die beiden Porträts eines bayerischen Ehepaares von 1885 (Abb. S. 68f.). Ihre Gesichter zeigen Spuren eines harten, entbehrungsreichen Lebens. Die sichere Beherrschung einer tonigen Malerei weist Alberts als fortgeschrittenen Studenten aus. Er lernte in München die ungarische Malerin Gräfin Lonyey und ihren Bruder kennen, der ihn in seine Heimat einlud. Alberts wurde großzügig aufgenommen und erhielt zahlreiche Porträt-Aufträge. Einige Studien brachte Alberts mit in die Heimat und überließ sie seiner Familie.
1886 lud ihn der Viehcommissionär Gebhard nach London ein, damit er dort dessen Kinder porträtiere.
Von München ging Alberts im Frühjahr 1886 zunächst nach Italien und wurde Student an der Kunstakademie in Florenz. Sein Lehrer war Francesco Vinea (1845-1902), der sich als Maler von Genrebildern, die mit virtuoser Eleganz die Welt des Rokoko darstellten, einen Namen gemacht hatte. Vineas Themen werden Alberts nicht sonderlich angesprochen haben. Dieser bereiste die Toskana und füllte sein Skizzenbuch mit reizvollen Motiven.

Paris

Neue künstlerische Impulse gingen von Paris aus. Auch Alberts wollte dorthin. Am 18. Februar 1886 hatte er in einem Brief an Hans Olde um Rat gefragt: "Von Herrn B. Grönwold erfuhr ich, daß Sie und Herr Schlittgen (durch dessen gefällige Besorgung Sie diesen Brief wohl erhalten) in einer dortigen Malschule arbeiteten und nun möchte ich Sie bitten mir zu sagen, ob man zu jeder Zeit in dieselbe eintreten kann, und wieviel das Honorar monatlich oder semesterweise beträgt. Ist das Leben in Paris sehr teuer, oder kann man sich mit Eiderstedtscher Sparsamkeit und monatlich 200 Fr. durchschlagen? ... Wie lange gedenken Sie dort zu bleiben, und gedenken Sie im Sommer in die Heimat zu gehn und beehren mich dann mit Ihrem versprochenen Besuch in Westerhever; denn ich beabsichtige den Sommer an der Nordsee zu verleben. Den ganzen

---
[1] Landesarchiv Schleswig-Holstein, Domschularchiv Nr. 252.
[2] Frenssen, a.a.O., S.17.

Friedhof meiner Heimat, 1889.
Verschollen

Alte Spinnerin aus Westerhever,
1888. Verschollen

vorigen Sommer war ich im Ungarlande, wo ich erträglich fleißig war und viel Interessantes erlebte. ... Indem ich Sie schönstens grüße, bitte ich nochmals recht sehr meine Fragen umgehend zu beantworten. Ihr Freund und Landsmann J. Alberts".[1]
Olde hatte von 1879 bis 1884 an der Münchener Akademie studiert, wo ihn Alberts vermutlich kennenlernte. Im Frühjahr 1886 besuchte Hans Olde die Académie Julian. Dort erreichte ihn Alberts' Brief. Eine Antwort Oldes ist nicht bekannt. Die freundschaftliche Beziehung zwischen den beiden Malern blieb lange bestehen. Olde war aber bereits aus Paris zurückgekehrt, als Alberts im Herbst 1886 dort ankam. Die Académie Julian verstand es, angesehene Künstler für eine Lehrtätigkeit zu gewinnen. Schüler kamen in großer Zahl aus aller Welt. Der Maler Hermann Schlittgen beschrieb in seinen Lebenserinnerungen, warum die Académie eine solch starke Anziehungskraft besaß: "Hier in der Schule ging man auf das Bewußte aus, auf die richtige nüchterne Studie, die nicht nach etwas aussehen, sondern bei der man etwas lernen soll."[2]
Dieselbe Einschätzung übernahm auch Gustav Frenssen, sicherlich angeregt durch den Bericht Jacob Alberts': "Was hörte er von Paris? ... Dort lehre man die Schüler, ja treibe sie an, dränge und zwinge sie, mit eigensten schärfsten Augen hinzusehen und nicht zu ruhen, bis man dem Gegenstande seine eigenste Linie und jedes Besondere abgewonnen hätte."[3] Die gelobten Lehrer an der Académie, wie Jules Léfèbvre, waren allerdings keine Vertreter einer neuen Malerei. Der berühmteste Maler unter den Lehrern war A. W. Bouguerau. Er hatte großen Einfluß im "Salon", den jährlichen Ausstellungen, und dort war Gelegenheit, eine erste Beachtung zu finden. So war es für Alberts ein wichtiger Erfolg, als von ihm ein Bild in diese international beachtete Ausstellung aufgenommen wurde. Es war im Katalog des Salons von 1890 aufgeführt: "Entre pavots". Auch die Heimatzeitung "Eiderstedter Nachrichten" erfuhr davon und berichtete von diesem Erfolg: "Auf dem Pariser Salon ist mir das Bild eines deutschen Künstlers, des Schleswiger Alberts, aufgefallen, der in diesen Bahnen einer ungesuchten, einfachen Naturwahrheit wandelt. Es stellt ein Kind dar, inmitten roten Mohns, ein Werk von gediegener Arbeit."[4]
In den Sommermonaten malte Alberts Bilder nach Motiven seiner Heimat. Dazu gehörte die kleine Kate des Landarbeiters Jürgen Blohm und seiner Frau Wiebke am Norderdeich von Westerhever. Im Sommer 1888 entstand dort das Bild "Alte Spinnerin aus Westerhever".[5] Dieses Bild war 1889 auf der Weltausstellung in Paris ausgestellt. Im Katalog trug es den Titel "Fileuse de Schleswig"; über den Maler stand dort: "Alberts, Jacob - A Paris, rue d'Enghien, 15". Von jetzt an verfolgten die "Eiderstedter Nachrichten" seinen Weg mit großer Aufmerksamkeit. Die dargestellte Spinnerin Wiebke Blohm war vielen bekannt. Sie war damals 75 Jahre alt, gebürtig aus Tating, und seit vierzig Jahren mit Jürgen Blohm verheiratet. Ihre Kate wurde in den siebziger Jahren unseres Jahrhunderts wegen einer Deichverstärkung abgerissen. Wiebke Blohm diente später als Modell für weitere Bilder.
Die "Spinnerin" ist eine sehr sorgfältig ausgeführtes Bild. Die alte Frau ist in würdevoller Haltung bei ihrer Arbeit dargestellt.

---

[1] Brief an Hans Olde im Schleswig-Holsteinisches Landesmuseum, Schleswig.
[2] Hermann Schlittgen, Erinnerungen. Hamburg 1947, S. 126.
[3] Frenssen, a.a.O., S. 24.
[4] Neue Preußische Zeitung, zit. in Eiderstedter Nachrichten, 10. 9. 1890.
[5] Aus den Eiderstedter Nachrichten geht 1888 als Entstehungsjahr hervor. Im Katalog der Flensburger Ausstellung von 1910 ist irrtümlich 1886 angegeben.

Die Kleidung erscheint ein wenig herausgeputzt. Das aufgeschlagene Buch mit der Lesebrille und die kostbare Porzellantasse wirken wie ein Stilleben von fast luxuriösem Zuschnitt. Das Licht vom Fenster hebt die gerade Haltung der Spinnerin kraftvoll heraus und reicht bis in die untere Ecke mit der Katze vor der Milchschale. Durch die Fensterscheiben geht der Blick in die Marsch und zum Priel, der zur Kirche führt. Das Bild entsprach wohl kaum den realen sozialen Verhältnissen im Hause der Blohms. Das Ehepaar war im Alter auf Almosen angewiesen, und sie konnten die Spende aus dem "Gotteskasten" der Kirche nicht eigenhändig quittieren. Buch und Brille wurden mithin nicht gebraucht. Das Bild "Spinnerin aus Westerhever" gelangte in den Besitz eines Dr. Hoening, Hoboken, New York, der im Flensburger Katalog 1910 als Leihgeber des Bildes genannt wurde.

Aus der Pariser Zeit ist auch ein farbig fein gestimmtes Stilleben bekannt. Aber das künstlerische Ziel von Jacob Alberts lag offenbar anderswo. Die bretonische Volkslebenbilder Dagnan-Bouverets lenkten die Aufmerksamkeit Jacob Alberts' auf heimatliche Motive. Gustav Frenssen drückte die Gedanken des Malers so aus: "Wie? Könntest du es nicht ebenso machen wie dieser, droben in deiner friesischen Heimat? ... Oh, ja, das ist ein großes, schönes Arbeitsfeld".[1]

Die Besinnung auf die Heimat brachte Alberts zunächst noch auf ein weiteres Bild mit einem Motiv aus Westerhever. Auf dem Friedhof malte er die Südwand der Dorfkirche sowie einige Gräber. Ein frisch aufgeworfener Grabhügel, der mit Kreuz und Kranz geschmückt ist, wird durch einen sitzenden dunklen Hund betont. Dieser verstärkt die melancholische Stimmung, die über dem Motiv liegt. Alberts muß Frenssen erzählt haben, wie er zur Einfügung des Hundes gekommen sei, und der Dichter schmückte es romanhaft aus. Alberts habe sein Friedhofsbild nach Paris mitgenommen und es dort dem deutschen Maler August Schenck gezeigt, der mit seinen Tierbildern in Frankreich große Erfolge hatte. Schenck habe die Friedhofsdarstellung gelobt, aber auch den Rat gegeben, einen Hund vor das Grab zu setzen und durch ihn die Gestalt eines trauernden Seemanns zu ersetzen. Denn: "Ein Hund ... in ruhiger, würdiger Haltung. Sehen Sie, Landsmann, so ein Hund ist weniger als ein Mensch; und doch mehr. Wissen Sie, wenn da ein Hund ist, ein würdiger, ruhiger Hund, dann gehen die Gedanken mehr auseinander. Ja ... ein Hund ... ist der Natur näher, Landsmann, und Sie wollen ein Stück Natur geben".[2] Alberts habe den Rat befolgt und den "Hund in ruhiger, ernster Haltung" neben das Grab gesetzt. Alfred Kerr sah das Bild auf der Flensburger Ausstellung und lobte es: "... dann wieder sieht man (unvergeßlich eindrucksvoll) den Kirchhof seiner schleswigschen Heimat; dort, wo auf des Vaters Hof sein Bruder sitzt. Ein haariger Hund ist auf dem Bild. Alles fahl und einfach. An Hinordnung, Umrißkraft ein Meisterstück. Heimat: ohne die keusche Komik der Heimatkünstelei."[3] Im Frühjahr 1890 endete Alberts' Aufenthalt in Paris. Er kehrte in die nordfriesische Heimat zurück.

Bilder von den Halligen und von Föhr

Im Jahre 1890 bezog Jacob Alberts die beiden Positionen, von denen aus er seine künstlerische Laufbahn aufbaute: Er besuchte die Halligen und fand dort seine Bildthemen. Darüber hinaus ließ er sich in Berlin nieder, wo er seine Kunst durchsetzte. Den ersten Sommer verbrachte er auf der Hallig Oland. Seine Staffelei stellte er in der Kirche auf. Hier entstand zunächst ein "Interieur aus der Kirche auf Oland", eine Vorstudie zur "Beichte auf Hallig Oland", die 1891 abgeschlossen wurde. Alberts hatte ein Arbeitsfeld gefunden, das sein Werk für die nächsten Jahrzehnte prägen sollte. In Nordfriesland hatten schon Christian Carl Magnussen ("Abendmahl in der Kirche von Nieblum auf Föhr") und Ludwig Bokelmann ("Konfirmation in der Kirche von Ockholm") ähnliche Bildthemen bearbeitet. Aber die Halligen galten nicht als bildwürdig. Berichte über die Gefährdung dieser kleinen Inseln und Erzählungen von der Heimattreue ihrer Bewohner hatten die Halligen weithin bekannt gemacht. Gerade in Berlin gab es eine spürbare Aufgeschlossenheit für die Halligbilder von Jacob Alberts. Der prominente Berliner Archäologe Reinhard Kekulé erklärte das in einem Aufsatz über den Halligmaler Alberts: "Einem weitgehend materialistisch bestimmten Denken und Handeln, das sich in Deutschland besonders nach dem Kriege von 1870/71 in den erst jetzt rasant wachsenden Städten zu erkennen gab, sollte das Leben und Schaffen in einer Umgebung entgegengesetzt werden, die zur Selbstbesinnung führte, der Intuition größtmöglichen Spielraum gewährte und deren tatsächliche oder vermeintliche Ursprünglichkeit als wesentliche Voraussetzung künstlerischer wie allgemein menschlicher Freiheit empfunden worden ist."[4]

Keine Region bot eine solche geschlossene Lebensform in unberührter Natur wie die Halligen. Alberts widerstand von vornherein einer Verklärung der Halligbewohner; allerdings gab es bald in Kritiken den Versuch, seine Bilder im Sinne einer Überhöhung des Heimatlichen zu deuten. Die "Eiderstedter Nachrichten" bemerkten 1894: "So eigentümlich anheimelnd in der überaus treuen Wiedergabe nordfriesischen Lebens kann nur ein Alberts wirken, der auf nordfriesischem Boden geboren und erwachsen und noch jährlich mehrere Monate das entbehrungsreiche Leben der Halligbewohner auf sich nimmt ... Als ein Sohn der Westküste hat Alberts der kargen Natur und den noch wortkargeren Menschen derselben mit einer Findigkeit die Eigentümlichkeiten abgelauscht, der man ansieht, daß er mit inniger Liebe an seiner Heimat hängt, und daß er trotz seiner Studien in der großen weiten Welt stets ein Sohn seiner Heimat geblieben ist."[5]

[1] Frenssen, a.a.O., S. 29.
[2] Frenssen, a.a.O., S. 32f.
[3] Kerr, a.a.O.
[4] Reinhard Kekulé, Jacob Alberts. In: Die Graphischen Künste, XVII, Leipzig 1894, S. 108.
[5] Eiderstedter Nachrichten, 16.10.1894. Weitere Hinweise: 14.12.1891, 9.5.1894, 20.6.1894, 7.2.1896.

Beichte auf Hallig Oland (unvollendete erste Fassung), 1890. Öl auf Leinwand. Privatbesitz

Interieur der Kirche auf Hallig Oland, 1890. Öl auf Leinwand, 42,5 x 51,5 cm. Schleswig-Holsteinisches Landesmuseum Schloß Gottorf

Die Kieler "Nordostsee-Zeitung" äußerte sich in ähnlichem Sinne: "Alberts führt uns in eine abgelegene Welt, die zwar abgeschlossen vom Lärmen und Rauschen des großen Weltstromes, doch heimatlich vertraut sich vor uns öffnet, er führt uns in die Halligen! ... und mitten darinnen grüßen wir das sturm- und wetterfeste Geschlecht, welches auf diesen sturmumtosten, stets bedrohten Schollen ringt und kämpft, welches trotz Sturmflut und Meereswut mit allen Herzensfasern an der in mannigfacher Hinsicht so ärmlichen, nordfriesischen Heimat hängt ..."[1]

Den räumlichen Aufbau für das Bild der "Beichte auf Oland" übernahm Alberts von seiner "Interieur"-Studie, integrierte nun noch die Figuren des Pastors vor dem Altar sowie die vier Halligbewohner in den Kirchenbänken. Nach einer genauen Übertragung der Zeichnung legte er mit dünner Farbe die Untermalung an. Im Herbst nahm er das unfertige Bild mit nach Berlin. Die große Anforderung, die sein Thema an ihn stellte, mag ihm bewußt geworden sein, als er Ende Juli von Oland aus den Düsseldorfer Maler Christian Ludwig Bokelmann in der Ockholmer Kirche besuchte, der dort gerade sein Konfirmationsbild malte. Alberts ließ das Bild unvollendet und setzte im nächsten Jahr neu an, übernahm jedoch die Zeichnung von der verworfenen Fassung für eine neue "Beichte" und vollendete sie im Spätsommer 1891 (Abb. S. 29).

Auf Oland ist überliefert, wer dem Maler Modell gesessen hat. Der alte Mann im Vordergrund war der siebzigjährige Schiffer Christian Frerksen. In der zweiten Reihe auf der Frauenseite sitzt Rehnlich Nommensen, geb. Bonken, die damals etwa 45 Jahre alt war. Von den beiden anderen Frauen heißt es, sie hätten Margaretha Petersen und Sophia Hansen geheißen. Es war dies offenbar eine langwierige und schwierige Arbeit. Als der Maler

---

[1] Nordostsee-Zeitung, zit. in Eiderstedter Nachrichten, 14.12.1894.

Otto H. Engel im darauffolgenden Jahr nach Oland kam, schilderten ihm die Halligbewohner den Maler der "Beichte" als sehr anspruchsvoll, "er habe sie beim Modellsitzen kommandiert und sein Versprechen, ihnen Photographien von dem Bild zu schicken, nicht gehalten."[1] Die kompositorisch zentrierende Figur ist Pastor Hinrich Ketels.
Als Alberts dieses erste Halligbild nach Berlin brachte, konnte er ein künstlerisch überzeugendes Werk vorzeigen. Sein unbedingtes Streben nach Naturtreue, die Gestaltung eines schlichten Alltagsmotivs fand Anerkennung. Diese realistische Bildauffassung, die insbesondere von Max Liebermann vertreten wurde, hatte in der deutschen Hauptstadt eine tiefgehende Auseinandersetzung ausgelöst.

Die Gründung der "Elf"

Die in der Öffentlichkeit tonangebenden Berliner Künstler waren dem preußischen Königshaus verbunden und hielten die einflußreichen Kunstämter besetzt. Das wirkte sich besonders auf die jährlichen Kunstausstellungen aus, auf denen viele fortschrittliche Künstler an den Rand gedrängt wurden. Einige von ihnen trafen sich regelmäßig und erörterten die schwierige Situation. Es waren dies Hans Herrmann, Ludwig von Hofmann, Walter Leistikow, George Mosson, Konrad A. Müller-Kurzwelly, Hugo Schnars-Alquist, Friedrich Stahl und Hugo Vogel. Zu ihnen stieß der in Berlin noch unbekannte Jacob Alberts.
Diese so völlig unterschiedlich arbeitenden Künstler drängten auf Bildung einer Vereinigung, um gemeinsame Ausstellungen zu veranstalten und um ihre Werke außerhalb der "Großen Berliner Kunstausstellung" zeigen zu können. Für einen Erfolg brauchte man aber auch bereits bekannte Künstler. Es gelang, Max Liebermann und Franz Skarbina für die Gruppe zu gewinnen. Am 5. Februar 1892 kam es zur Gründung der Künstlergruppe "Elf". Man verzichtet auf ein festes Programm. Die zufällige Zahl der Gründungsmitglieder gab der Vereinigung ihren Namen. Ein Protokoll hielt das Ereignis fest: "Die Unterzeichneten haben sich zu einer freien Vereinigung zur Veranstaltung von künstlerischen Ausstellungen zusammengetan und haben sich geeinigt, daß die Zahl elf nicht zu überschreiten sei, hiesige oder auswärtige Künstler können nach Beschluß der Vereinigung zur Ausstellung ihrer Werke herangezogen werden. - Der erste und dritte Freitag jeden Monats ist zu geselligen Zusammenkünften in Aussicht genommen. - Nichterscheinen (Krankheit und Reise entschuldigt) wird zu Gunsten der Cassa mit 2 M (zwei Mark) geahndet. In die Cassa sind von jedem der Unterzeichneten 20 (zwanzig) Mark gezahlt. - Berlin 5. Febr. 1892."[2]
Die Mitgliederzahl elf blieb stets erhalten. 1894 schied Schnars-Alquist aus. Seine Position nahm Max Klinger ein. 1897 kamen für Hans Hermann und Ludwig von Hofmann die Malerin Dora Hitz und Max Brandenburg dazu. Vorher schon war Hugo Vogel ausgetreten. Seinen Platz erhielt einer der damals berühmtesten deutschen Maler: Arnold Böcklin.
Drei Monate nach der Gründung der "Elf" stellten die Maler zum ersten Mal in den Räumen der Kunsthandlung Eduard Schulte in Berlin gemeinsam aus. Der Ausstellungsort war gut gewählt. Die Firma Schulte hatte zuvor neue Räume im Palais Redern, Unter den Linden, bezogen und für eine hervorragende Ausstattung gesorgt. Aber auch der Ruf, die modernste Richtung der Malerei zu vertreten, die einen Hauch von Paris und einen leisen Anflug von Revolution trug, erregte die Neugierde des Publikums. Die Ausstellung der "Elf" galt sofort als die interessanteste Ausstellung, die Berlin seit vielen Jahren gesehen hatte. Das Echo in Berlin selbst, aber auch darüber hinaus, war enorm. Viele Kritiker berichteten mit großer Anteilnahme, wobei sehr unterschiedliche Positionen deutlich wurden. Ein Kritiker prophezeite, "daß die "Vereinigung der 'Elf', eine der jüngsten Blüten der in bizarre 'Vereinsmeierei' ausartenden Sonderbestrebungen innerhalb der deutschen Künstlerschaft", mit ihrer Ausstellung "ein so gründliches Fiasko gemacht (hat), daß der Bericht über die erste dieser Ausstellungen voraussichtlich zugleich ihr Nekrolog sein wird."[3] Er traf damit den Geschmack vieler Besucher und auch das Urteil der einflußreichen gesellschaftlichen Gruppen.
Die "Lustigen Blätter" spotteten über die "Elf": "Mit diesen realistischen Klecksen / Wollt Ihr uns zur neuen Kunst verhelfen? / Nein! Diese Ausstellung von Elfen / Ist eine Ausstellung von Hexen!"[4]
Aber es gab auch positive Rezensionen und energische Unterstützung. Max Schmid fand es bezeichnend, daß sich angesehene Berliner Maler abfällig über die "Elf" äußerten. Und er schalt, daß "auch die hilfsbereite Presse ... versucht, mit Ausdrücken tiefster Empörung die Neuerer niederzuschreien."[5]
Lob und Tadel galten zunächst vor allem Max Liebermann. In ihm erkannten alle das Haupt der Gruppe. Die größte Aufregung erregte indes Ludwig von Hofmann. Alberts kannte von Hofmann schon vom gemeinsamen Studium an der Académie Julian. Künstlerisch waren sie sehr verschieden, blieben aber bis ins Alter freundschaftlich verbunden. Als Alberts ihm zum siebzigsten Geburtstag gratulierte, erinnerte er Ludwig von Hofmann an einen gemeinsamen Aufenthalt auf Hallig Gröde.[6]
Alberts profitierte durchaus von der Aufregung um die "Elf"-Ausstellung. Man darf allerdings die Angriffe auf die

---

[1] Otto H. Engel, Halligreise 1892. In: Kunst in Schleswig-Holstein, Flensburg 1960, S. 134.
[2] Peter Paretz, Die Berliner Sezession, Frankfurt 1983, S. 64.
[3] Kunstchronik N.F., Leipzig, Jg.3, 1892, Sp. 359f.
[4] Lustige Blätter, 14.4.1892.
[5] Das Atelier, Heft 36, 2.Jg., 1892, S. 3ff.
[6] Brief v. 15.8.1931. Deutsches Literaturarchiv/Schiller-Nationalmuseum, Marbach.

damals modernen und recht ungewohnten Bilder Liebermanns und von Hofmanns nicht auf Alberts übertragen. Er stand keineswegs im Mittelpunkt der Kritik, fand jedoch erste Beachtung. Die Kritiker urteilten unterschiedlich. Die günstigste Beurteilung lautete: "Zum ersten Male auf einer Berliner Ausstellung begegnen wir hier dem Maler J. Alberts, geboren in Westerhever in Eiderstedt, welcher mit bemerkenswertem Talent sich an die Darstellungsweise Skarbinas angeschlossen hat. Sein Hauptbild stellt die Beichte auf der Hallig Oland dar. ... Der ... Stoff ist mit großem Geschick behandelt."[1] Im "Berliner Börsen-Courier" hieß es: "Chic und blendende Technik wird man bei Alberts vergebens suchen, ja er zeigt sogar stellenweise eine gewisse Unbeholfenheit; aber sie ist nicht abstoßend, sondern hat etwas kindlich Anziehendes und steht zu den einfachen, innerlich erfaßten Motiven in einer gewissen Harmonie."[2] In fast allen Zeitungen wurde die "Beichte auf Oland" erwähnt und im ganzen wohlwollend aufgenommen. Es fiel allerdings manchem Kritiker schwer einzusehen, warum Alberts in einer Künstlergruppe ausstellte, die durch ihren Modernismus ein leidenschaftliches Für und Wider ausgelöst hatte. In der maßgeblichen Zeitschrift "Kunst für Alle" zog Jarro Springer eine insgesamt positive Bilanz: "J. Alberts tritt mir hier in Berlin zum ersten Mal entgegen. ... In mehreren Bildern, deren Motive dem Leben auf den friesischen Halligen entlehnt sind, zeigt sich Alberts als Mitglied der XI besonders deswegen würdig, weil er die Pariser Schuleinflüsse so schnell und so selbständig verarbeitet hat."[3]

Die "Beichte auf Oland" wurde immer wieder auf Ausstellungen gezeigt. 1902 kaufte es die Galerie Martin Flersheim, Frankfurt a.M. Im Sommer 1938 war die "Beichte" im Norfriesischen Museum in Husum zu sehen und wurde für dessen Sammlung erworben. Als Alberts das Bild 1895 auf die "Große Berliner Kunst-Ausstellung" gab, stellte er seine Werke in den offiziellen Rahmen. Zum Bruch mit dem konservativen "Verein Berliner Künstler" und der "Großen Berliner Kunstausstellung" hatten es die "Elf" nicht kommen lassen, anders als später die Berliner Secession. Jacob Alberts bewegte sich unangefochten zwischen den Kunst-Parteien. Er hielt Freundschaft mit dem heftig umstrittenen Max Liebermann und galt an seiner Seite als fortschrittlicher Maler. Andererseits erfuhr er die Förderung von Reinhard Kekulé, dem Direktor des Berliner Antikenmuseums und Professor der Archäologie an der Berliner Universität, der Kaiser Wilhelm II. nahestand. Kaiserin Auguste Viktoria besuchte Alberts in seinem Atelier, um seine Halligbilder zu betrachten.

"Predigt auf Hallig Gröde"

Im Mai 1892 reiste Alberts auf die Hallig Gröde und malte sein zweites Kirchenbild. Er zeigte die "Predigt auf Hallig Gröde" (Abb. S. 74) auf der zweiten Ausstellung der "Elf" 1893 bei Schulte in Berlin. Wieder gab es einen heftigen Meinungsstreit um Liebermann und von Hofmann. Ein Kritiker meinte, daß die Bilder Liebermanns "jedem nicht zu seinen Aposteln und Verehrern gemeingehörigen Beschauer auf die Nerven gehen" und Ludwig von Hofmann "noch wirksamer als auf der 1. Elferausstellung für die Erheiterung der ... blöden Menge ... gesorgt" habe. Er äußerte sich dann über Jacob Alberts: "Alberts gibt in seinem fleißig und tüchtig, wenn auch ziemlich nüchtern, hart und trocken gezeichneten und gemalten Bilde aus dem Innern einer Kirche während der Predigt ... den äußersten Gegensatz zu den koloristischen und impressionistischen Exzentritäten einzelner seiner zehn Genossen."[4]

Gustav Frenssen hatte sich von Alberts über die Dargestellten berichten lassen. Besonders wichtig war ihm dabei der alte Nommen Lorenz Nommensen, der "weiß viel aus alten Zeiten und vom Geschick seiner Vorfahren zu erzählen - sie sind fast alle auf dem Meer, Seefahrer oder Wattläufer, verunglückt - und von grimmigen Eisfluten, die die Särge aus der Erde rissen und in die Wohnungen der Menschen trugen ... 1825 in der großen Sturmnacht hatte er als kleiner Knabe auf dem Beilegeofen gesessen und papierne Schifflein schwimmen lassen, während das Vieh in Todesnot brüllend um ihn stand. Er sitzt auf dem Bild in der Kirche von Gröde auf der ersten Bank."[5] Wir kennen seinen Kopf auch von einer Kreidezeichnung. Im Januar 1899 kaufte das Kaiser-Friedrich-Museum in Magdeburg das Gröder Kirchenbild für 1800 Mark vom Künstler. Im Zweiten Weltkrieg ging das Bild verloren.

Auf Gröde entstand auch das Bild "Allein" (Abb. S. 30), das 1893 in Chicago auf der Weltausstellung neben der "Beichte auf Oland" hing.

"Königspesel auf Hallig Hooge"

Auf der dritten Ausstellung der "Elf" im Frühjahr 1894 zeigte Alberts sein neuestes großes Werk, den "Königspesel auf Hallig Hooge" (Abb. S. 75). Noch immer war der Auftritt der "Elf" umstritten. Der heftige Streit betraf dieses Mal vor allem die "Kreuzigung" von Max Klinger. Mit diesem Werk hatten die "Elf" ein Skandalbild präsentiert, das zuvor in München verboten und dann nur teilweise verdeckt gezeigt worden war. An Alberts und seinen Bildern gingen indes die Aufgeregtheiten vorbei. Reinhard Kekulé würdigte den "Königspesel": "Freilich so geräumig und wohnlich, so reichlich ausgestattet sind die Wohnungen der Halligleute sonst nicht. Das Zimmer ... hat noch jetzt

---

[1] Tägliche Rundschau, Berlin, zit. in Eiderstedter Nachrichten, 21.4.1892.
[2] Berliner Börsenkurier, 9.4.1892, Morgenausgabe.
[3] Kunst für Alle, VII. Jg., Heft 19, 1.7.1892, S. 298.
[4] Vossische Zeitung, Berlin, 10.3.1893, Morgenausgabe.
[5] Gustav Frenssen, Jacob Alberts. Ein deutscher Maler. Berlin 1920, S. 38 f.

den Namen 'Königspesel', weil es als bestes, das auf Hooge zu finden war, einst dem Dänenkönig Friedrich VI. zur Wohnung diente. Drei Tage war er durch stürmisches Wetter auf Hooge zurückgehalten worden, als er den Schaden besichtigte, den die gräßliche Sturmflut von 1825 angerichtet hatte."[1] Am Ende seines Textes äußerte er seine Bewunderung für die hohe künstlerische Qualität des Alberts-Bildes: "Von der großen Meisterschaft dieses Gemäldes kann keine Nachbildung eine ausreichende Vorstellung geben. ... Das Bild wirkt zuerst und vor allem als Ganzes, und erst nach und nach gewahrt man den unerschöpflichen Reichtum von genau erkennbaren Einzelheiten, aus denen sich dieses Ganze aufbaut".

Zuerst war wohl nur der Raum auf dem Bild dargestellt, ohne Frau und Kind. Man erzählt noch heute auf Hooge und auf Föhr, daß Alberts ein kleines Mädchen in Tracht als Modell diente. Wahrscheinlich malte er in beiden Fällen Studien, die er erst im Berliner Atelier für die weitere Ausführung seines "Königspesels" verwendet hat. Eine genaue Betrachtung des Originals, das 1894 vom Kieler Thaulow-Museum angekauft wurde und nun im Schleswiger Landesmuseum hängt, legt den Schluß nahe, daß die beiden Figuren nachträglich eingefügt worden sind.

"Friesenstube auf Gröde"

Vor wenigen Jahren tauchte im Kunsthandel das Bild "Halligstube" auf - ein dem "Königspesel" durchaus vergleichbar detailgetreues Bild (Abb. S.33). Die schöne Farbigkeit, die im ganzen auf einen festlichen Blauton abgestimmt ist, wird durch die Tür mit ihrer Blumenmalerei, durch die Tafeln des Alkovens mit allegorischen Darstellungen, schließlich durch die bemalte Balkendecke und die blaugrauen Fußbodenfliesen getragen. Die sitzende Frau, die Garn aufwickelt, und das stehende kleine Mädchen, das artig hilft, nehmen in ihrer Kleidung den Farbklang auf und verstärken ihn auf wunderbare Weise. Das Zimmer ist in dieser Form noch heute großenteils im Haus Rickertsen auf Gröde vorhanden. Alte Zeitungsmeldungen lassen den Schluß zu, daß dieses Innenraumbild im Frühsommer 1894 auf Gröde entstanden ist. Alberts gab es wahrscheinlich 1895 in die vierte Ausstellung der "Elf".

Innenraumbilder von der Insel Föhr

Für diese Ausstellung stellte Alberts noch weitere Innenraumbilder zur Verfügung. Im Herbst 1892 fuhr er im Anschluß an seinen Aufenthalt auf Gröde, wo er das Kirchenbild gemalt hatte, zum ersten Mal auf die Insel Föhr. In Alkersum malte er ein Interieur mit dem Titel "Die Kapitänswitwe auf Föhr". 1896 wurde dieses Bild in einem Buch abgebildet.[2] Es war 1893 bereits auf der Weltausstellung in Chicago zu sehen. Ein Auswanderer von Föhr schrieb über "The Capitain's wife": "Auf einmal sah ich mich zurückversetzt in die Heimat. Vor mir lag die bekannte blaue Stube mit dem 'Bilegger'-Ofen, mit dem feinen Glasschranke, der Bornholmer Uhr, der 'tadellosen' Wandbettstelle und den starken Lederstühlen. Und in all dieser heimatlichen Pracht saß die Kapitänsfrau mit ausgeprägt Föhringer Zügen in der würdigen Tracht einer vierzigjährigen Matrone."[3]

Alberts malte weitere Bilder auf Föhr: eine "Friesin im Sonntagsstaat" und eine "Grüne Stube", die 1910 im Katalog der Flensburger Ausstellung als "Trautes Daheim, 1894, Interieur von Föhr" abgebildet war. Durch ein Fenster sieht man die Wrixumer Mühle. Das Bild wurde im Haus Boldixum, Holm 17, gemalt. Im Kunsthandel tauchte vor einigen Jahren eine zweite, nahezu identische Fassung des Bildes auf. Dieses Bild wurde, wie auch andere Arbeiten, die auf Föhr entstanden sind, typisierend mit den Halligen in Verbindung gebracht. Von Alberts selbst stammte der Bildtitel "Besuch auf der Hallig" für ein Bild, dessen Motiv eindeutig nach Föhr weist. "Das in diesem Jahr auf Westerlandföhr fertiggestellte Bild stellt eine 'Kaffeegesellschaft' dar."[4] Es wurde 1895 in Oldsum, im Haus Nr. 69, das damals Ingwert Jacobs gehörte, gemalt. Lorenz Braren nennt in seinem Buch "Geschlechter-Reihen St. Laurentii-Föhr" die dargestellten Personen.[5] Das Bild wurde 1932 von der Nissen-Stiftung in Husum erworben (Abb. S.34).

Über Alberts' künstlerische Arbeit auf Föhr gab es bisher keine rechte Klarheit. Selbst Ernst Schlee, der die Geschichte der Malerei auf der Insel sorgsam untersucht hat, kommt zu dem irreführenden Schluß, daß "die sehr gut gemalten Stubenbilder von Jacob Alberts (ausscheiden), weil keiner der von ihm gemalten Räume nach Föhr gehört."[6]

Frühe Handzeichnungen

In diesen Jahren entstanden Handzeichnungen, die im Werk Jacob Alberts' ein eigenes Gewicht haben. Die ersten Beispiele sind nur von Abbildungen bekannt. Erhalten sind zwei Porträts des Seehundjägers und "Störkönigs von Eiderstedt" Andreas Ostermann, der 1893 einundsiebzig Jahre alt war (Abb. S.78). Er hatte die Weltmeere befahren und lebte dann am Leikenhusener Deich in Westerhever.

---

[1] Reinhard Kekulé, a.a.O., S. 114 ff. Tatsächlich verbrachte der König nur die Nacht vom 2. auf den 3. Juli 1825 auf Hooge.
[2] Hippolyt Haas, Schleswig-Holstein in Wort und Bild. Kiel 1896, S. 391.
[3] Föhrer Nachrichten, zit. in Eiderstedter Nachrichten, 26.7.1893.
[4] Eiderstedter Nachrichten, 23.8.1895.
[5] Lorenz Braren, Geschlechter-Reihen St. Laurentii, Föhr. Privatdruck 1950.
[6] Ernst Schlee, Das alte Föhr in bildlichen Dokumenten. Flensburg 1968, S. 56 und S. 64.

Paula (Modersohn-) Becker, *Studienkopf*, 1896. Paula-Modersohn-Becker-Gesellschaft Bremen

Jacob Alberts, *Nachbar Broders*, o.J. Kohle, 62 x 45 cm. Nordfriesisches Museum Husum

Die Kopfzeichnungen Jacob Alberts' fanden früh Anerkennung. Er zeigte sie in den Ausstellungen der "Elf". Die Zeitungen erwähnten sie anerkennend neben den Gemälden. Besonders eindrucksvoll sind zwei Zeichnungen, die 1898 von der Berliner Nationalgalerie erworben wurden, eine "Alte Frau mit Haube" und ein "Alter Fischer" (Abb. S.76f.). Die alte Frau mit der Haube war Stienken Lene. Man kannte diese Frau auf Hooge, die damals 75jährige Stienke Helma Hansen, geb. Meinhard. In der Zeichnung strahlt sie eine Würde aus, die ihr zu Lebzeiten wohl eher abgesprochen wurde. Die arme Witwe wurde in die Rolle der originellen Alten gedrängt, deren spitze Zunge amüsiert und zugleich überlegen belächelt wurde.

Im September 1894 wurde Alberts als Lehrer an die "Zeichen- und Malschule des Vereins der Künstlerinnen und Kunstfreundinnen von 1867" in Berlin berufen. Im April 1896 trat die zwanzigjährige Paula Becker (-Modersohn) als Schülerin in seine Klasse für Kopfzeichnen ein. Die Rolle ihres Lehrers wurde zumeist falsch bewertet. Paula Becker äußerte sich anerkennend: "Herr Alberts scheint ein famoser Lehrer zu sein. Er weiß genau, was jeder Schüler leisten kann und verlangt Anspannung aller Kräfte ... In den Stunden bei Alberts arbeite ich mit ganzer Seele. ... Das Gute ist, daß er mehr Wert auf die Auffassung, als auf die Mache legt, sonst würde die Sache etwas äußerlich."[1]

---

[1] Paula Modersohn-Becker in Briefen und Tagebüchern, hrsg. von Günter Busch und Lieselotte von Reinken, Frankfurt a.M. 1979, S. 79 ff.

Halligbilder in der Berliner Secession

Neben Bilder vom Innern der Hallighäuser und von ihren Bewohnern malte Jacob Alberts zunehmend Landschaftsdarstellungen. Das zeigte sich bereits auf den letzten Ausstellungen der „Elf" bis 1899.

Am 2. Mai 1898 wurde die Berliner Secession gegründet. Sie wurde als Fortsetzung der „Elf" angesehen, hatte aber mit 65 Mitgliedern, zu denen Jacob Alberts und andere „Elfer" gehörten, eine breitere Grundlage. Max Liebermann wurde als Präsident gewählt. Die erste Ausstellung 1899 war ein großer Erfolg; zur Eröffnung erschienen etwa zweitausend Besucher. Sie wußten, daß hier ein Überblick über den Stand der modernen Kunst in Deutschland zu gewinnen war. Für Modernität stand damals insbesondere die Auseinandersetzung mit dem Impressionismus. Auch Jacob Alberts fand einen überzeugenden Anschluß an die künstlerische Entwicklung jener Jahre. Am deutlichsten gelang ihm das als Freilichtmaler inmitten der Halliglandschaft. Aber auch in seinen Innenraumbilder suchte er die Auseinandersetzung mit Lichtproblemen und einer lockeren Pinselführung.

Friedrich Paulsen, Philosophieprofessor an der Berliner Universität, sah das Bild „Halligstube" 1901 in einer Alberts-Ausstellung bei Keller & Reiner. Voller Begeisterung schrieb der gebürtige Nordfriese: „Zwar ist die Kunstkritik nicht meines Amtes; aber wes das Herz voll ist, des geht der Mund über. Wer mir's angetan hat, das ist Jakob Alberts, der Maler seiner und meiner Heimat." Und dann führt er den Leser in die Halligstube: „In einfacher, nicht ärmlich ausgestatteten Stube sitzen Großmutter und Enkel beisammen, jeder still bei seiner Sache und seinen Gedanken. Die Großmutter spinnt Wollflocken zu langen Fäden; in Gedanken versunken, so scheint der festgeschlossene Mund zu sagen, läßt sie vergangene Tage am Auge ihres Geistes vorüberziehen, oder sind sie der Ewigkeit zugewendet? Der Enkel sitzt am Tisch, er hat ein Schiff geschnitzt und rot bemalt und setzt jetzt eben die Segel auf; aus dem strähnigen Flachskopf schauen helle blaue Augen über das Schiff hin in eine mit Gewinn und Gefahr lockende Ferne."[1]

Alberts war mit Paulsen und seiner Familie befreundet. Im November 1911 heiratete er die Tochter Margarete und zog mit ihr in sein neues Haus am Südstrand auf Föhr. Die Ehe wurde aber nach kurzer Zeit geschieden.

Ein anderes Bild mit dem Titel „Halligstube" kam 1908 ins Leipziger Museum der bildenden Künste. In dem Bild „Blaue Diele auf Hooge" des Flensburger Museums verzichtet Alberts erstmalig völlig auf Menschen. Man vermißt sie nicht. Die Gestaltung des Lichtes im Innenraum erhält durch die freie Luft über der grünen Hallig, die im Türdurchblick sichtbar ist, eine lebensvolle Ergänzung.

Auch das Bild „Halligstube auf Hooge" des Flensburger Museum zeigt menschenleere Räume, allerdings erst, nachdem Alberts eine junge Frau, die hinter der Tür mit einem Tablett vorbeiging, übermalt hatte.

Halliglandschaften

Mit seinen Halliglandschaften machte der Freilichtmaler Jacob Alberts eine Natur sichtbar, die bis dahin kaum künstlerische Beachtung gefunden hatte. Die Halligwarften, der farbige Schimmer der blühenden Wiesen, das lichtübergossene Meer und das Wechselspiel von Wolken und Himmel vermittelten einen neuartigen, bezaubernden Stimmungswert. Durch Alberts wurde die "blühende Hallig" zum Begriff.

Die erste "Blühende Hallig" kaufte 1895 der österreichisch-ungarische Botschafter in Berlin, Ladislaus von Szögyenyi-Marich. Der Diplomat wurde ein einflußreicher Gönner des Malers, kaufte einige Bilder und lud ihn mehrfach auf seine Besitzungen in Ungarn ein.

Seine Motive suchte Alberts seit 1895 fast immer auf Hallig Hooge. Er wohnte dort auf der Backenswarft und stellte von hier aus seine Staffelei unter freiem Himmel in der Landschaft auf.

"Blühende Hallig" im Nordfriesischen Museum

Dieses Werk ist ein besonders eindrucksvolles Beispiel für diese Bilderreihe. Es kam 1975 als Vermächtnis von Senator a.D. Max D. Ketels, Hamburg, in das Nordfriesische Museum (Abb. S.42). Damit setzte Ketels seiner lebenslangen Freundschaft mit dem Maler ein schönes Denkmal. Der Hamburger Kaufmann war gebürtiger Nordfriese. 1909 lernte der Zwanzigjährige auf Föhr den Halligmaler kennen. Die Freundschaft beider Männer blieb bis zum Tod des Malers 1941 bestehen.

Das Husumer Bild gründet in seiner Größe und in der sorgfältig abgewogenen Komposition auf den vorausgegangenen bildnerischen Erfahrungen. Über der ausgedehnten Landfläche mit ihrem, durch Priele gegliederten Blütenteppich, liegt ein heller, sommerlicher Glanz. 1920 erschien in Seemanns Künstlermappe "Jacob Alberts" eine farbige Reproduktion des Bildes. In seiner der Künstlermappe vorangestellten Einführung beschreibt Hans Vollmer das Bild: "Er sieht diese Landschaft nicht mit dem umflorten Blick seines großen Landsmannes Theodor Storm, dem das Schwermütig-Sehnsuchterweckende der eigentliche Stimmungsgehalt dieser Natur ist, sondern, ein fröhlicher Lebensbejaher, setzt er dieser etwas morbiden Resignation des Dichters einen robust-gesunden Optimismus entgegen, der sich

---

[1] Friedrich Paulsen, Das malerische Nordfriesland und sein Entdecker. Vossische Zeitung, Berlin. Zitiert in: Eiderstedter Nachrichten, 12. 3. 1901.

die Welt nicht anders denken kann, als vom Sonnenlicht vergoldet, und der selbst in dieser einen ewig furchtbaren Kampf mit den Naturelementen kämpfenden Halligwelt das Idyllisch-Liebliche als die wesentliche Stimmungsnote anerkennt." Vollmer beschrieb jedoch auch die Bedingungen der Bildentstehung: "Gewohnt, seine Bilder vom ersten bis zum letzten Pinselstrich vor der Natur zu malen, erkannte er, von welchem Vorteil ein schnelles Malen ist, wenn es sich um die Fixierung einer flüchtigen atmosphärischen oder luminaristischen Stimmung handelt."
In einem Aufsatz in der Zeitschrift für bildende Kunst aus dem Jahre 1904 reflektierte der Autor den Naturalismus des Künstlers: "Seine Bilder malt Alberts vor der Natur fertig bis zum letzten Pinselstrich. ... des Künstlers Werkstatt ist eben die Hallig. Da steht er, der Kälte und dem Sturm trotzend (oft schon im März bei der Arbeit), der Malständer ist in die Erde gerammt und mit schweren Steinen vor dem Umwehen geschützt, der neidische Seewind rüttelt an dem Rahmen und schüttelt die Palette, aber der wetterfeste Friese sieht scharf in die Landschaft hinein und mit großen, sicheren Pinselstrichen reißt er - bereits in Farbe gedacht - den Umriß eines Bildes aus ihr heraus, das sein gewandter Pinsel bald breit daherfahrend, bald tupfend in wenigen Tagen vollendet."[1] Halliglandschaften mit solchen widrigen Stimmungen sind allerdings nicht überliefert.

"Blühende Hallig" im Flensburger Museum

Das Motiv ist lokalisierbar: Wir sind auf Hooge. Blickfang ist die Kirchwarft mit Kirche und Pastorat. Ein wenig nach rechts versetzt steht eine alte Bockmühle. Diese stand damals, etwa 200 Meter weiter nördlich an einem breiten Priel. Über der Hallig liegt eine ähnliche stille, lichtdurchflutete Feierlichkeit wie in dem Husumer Bild. Beide dürften wohl auch zur gleichen Zeit entstanden sein, etwa in den Jahren zwischen 1902 und 1904 (Abb. S.90).
Der optische Reiz der blühenden Hallig fesselte den Maler weiterhin, mehrfach in Verbindung mit der alten Hooger Bockmühle. Diese Mühle nahm Alberts auch als Motiv für seine einzige Lithographie (Abb. S.85).
Einige Halliglandschaften mit farbigen Blüten sind durch größere Reproduktionen bekannt geworden, die ausdrücklich für eine Rahmung und als Wohnungsschmuck gedacht waren.
Auch auf Föhr malte Alberts einige Landschaftsbilder. Von seinem Haus am Südstrand hatte er einen weiten Blick über Meer und Halligen. In einem Bild "Stilles Meer" ist das Motiv auf Himmel und Wasser beschränkt. Der Philosoph Friedrich Paulsen erwarb das Bild, das auch in der Seemann-Mappe "Jacob Alberts" farbig wiedergegeben wurde. Viele Betrachter erkannten in solchen Bildern sicherlich impressionistische Anklänge.

Nach dem Ersten Weltkrieg bildete die kleine Hallig Süderoog mit dem einzigen Haus Martin Paulsens für mehrere Sommer das Motivfeld des 65- bis 70jährigen Jacob Alberts. Noch einmal entstanden eine Reihe ganzvoller Bilder.
Die letzten Halligbilder auf Gröde malte Alberts im übrigen im Jahre 1931.

Landschaftsbilder von Föhr und Sylt

Seit 1892 hielt sich Alberts im Anschluß an seine Arbeit auf den Halligen gern noch einige Wochen auf der Insel Föhr auf. Hier entstanden u. a. auch Innenraumbilder. Nachdem er in Wyk in sein Haus gezogen war, malte er in dessen Umfeld ein Landschaftsbild "Kornfelder auf Föhr" mit St. Johannis in Nieblum und der Gotinger Windmühle. In der Nähe des Südstrandes entstand das Bild "Heide am Meer".
Einige Male besuchte Alberts die Insel Sylt und malte dort Dünenlandschaften. 1898 erwarb die Kieler Kunsthalle die "Wanderdünen auf Sylt" (Abb. S.84). Emil Rathenau, Generaldirektor der AEG, kaufte das Bild "Düne auf List", das heute noch durch Abbildungen bekannt ist.[2]
Alberts' Syltbilder fanden auf der Flensburger Ausstellung von 1910 eine begeisterte Aufnahme bei Alfred Kerr, der diese "Frieseninsel liebte - wo der Seehund wächst, die Brandung brüllt und hoch im Schrank der Bommerlunder glüht. Ich lebte dort ... zwischen zwei Meeren mit Salzluft und braunviolettem Heidepelz ... Heide, Heide, Heide - umsäumt vom Dünengebirg ... Kein Mensch. Aber zwei Meere. ... Mit dieser Landschaft ist der Mann, Jacob Alberts, für mich verwachsen. Auch seine Kunst stammt aus ihrer Nähe. Schade, daß nur zwei Dünenbilder in Flensburg sind. Freilich schöne ..."[3]
Alberts war mit Alfred Kerr befreundet. Beide hatten gesellschaftlichen Umgang mit Walther Rathenau und dem Publizisten Maximilian Harden in Berlin und auf Sylt. Walther Rathenau besaß, wie sein Vater Emil Rathenau und sein Schwager Fritz Andreae, Arbeiten von Alberts. Vor allem war für Alberts die Freundschaft mit Rathenau von Bedeutung. Als er 1923 von der Ermordung des Reichsaußenministers erfuhr, verfaßte er spontan Worte der Erinnerung: "Vor vielen Jahren waren wir die besten, die allerbesten Freunde. Bei Carl Fürstenberg war's ... Neben mir ein großer stattlicher noch jugendlicher Herr im wunderbar sitzenden Frack." Er stellte sich vor: "Ich bin Dr. Walther Rathenau." Weiter heißt es: "Sonntagnachmittag besuchte er mich schon in meiner Werk-

---
[1] Zeitschrift für Bildende Kunst, N.F., 15. Jg. 1904, S. 208.
[2] Kunst für Alle, XVI. Jg., 5. Bd., 1901-1902 und Katalog der Alberts-Ausstellung in Flensburg 1910.
[3] Alfred Kerr, Jacob Alberts in Flensburg. In: Der Tag, Berlin, 9. Juli 1910.

statt. ... Nun sahen wir uns sehr oft, mir war sein Verkehr äußerst interessant und anregend, denn seine Universalität war erstaunlich, auch in geschmacklichen Dingen mir überlegen ... Auch die Eltern kannte ich, bald war ich ein gern gesehener Gast im Hause Rathenau. So kam ich in die führenden Judentum- und Finanzkreise in Berlin."[1] Jüdische Sammler erwarben seine Bilder.

Alberts und die Antike

Eine erste bedeutsame Würdigung seiner künstlerischen Arbeiten, erfuhr Jacob Alberts durch den Archäologen Reinhard Kekulé. Alberts lernte den Direktor der Antikenabteilung des Museums offenbar sehr bald nach seiner Übersiedlung nach Berlin kennen. Bereits 1892 war auf der ersten Ausstellung der "Elf" neben der "Beichte auf Oland" ein Bild mit, dem Titel "Im alten Museum" zu sehen. Es zeigte die Bronzestatue eines Jünglings, an der Wand einige Mamorskulpturen sowie eine junge Dame, die in einem Buche liest. Diese genrehafte Zutat wurde kritisiert. Alberts hat diesem Einwand stattgegeben und das Bild beschnitten. Es gehörte Kekulé.
Auch in den folgenden Jahren stellte Alberts gelegentlich seine Staffelei im Museum auf. Für ihn mögen die überfüllten Räume des Neuen Museums, in denen die Gipsabgüsse dicht gedrängt standen und teilweise in Regalen aufgereiht waren, malerisch reizvoll gewesen sein. Einige Bilder mit solchen Motiven sind erhalten.
Durch Kekulé lernte Alberts Friedrich Sarre kennen, den Leiter der vorderasiatischen Abteilung in den Berliner Museen. Sein Haus wurde ein bevorzugter Ort freundschaftlichen Verkehrs für Jacob Alberts. Sarres Tochter schrieb in hohem Alter aus einer höchst lebendigen Erinnerung: "Lebendigste Kindheitserinnerungen (rufen) die vielen Besuche von 'Onkel Alberts' in unserem Haus in Babelsberg (wach). Er erschien, wann es ihm einfiel, unangesagt, sehr ungezwungen und eigenwillig. Z.B. erinnere ich mich, daß er einmal beim Abendessen plötzlich vom Tisch aufstand, 'weil ihn die Gesellschaft langweilte', wie er später erklärte. Er hörte gern Musik und sang auch - Mama begleitete ihn am Klavier. Und nach 65 Jahren kann ich mich daran erinnern, daß er uns Kindern das Gedicht 'Lütt Matten de Haas, de maak sick en Spaaß ...' aufsagte - eben wie ein musischer, künstlerischer Mensch. Er spielte dabei mit, flüsterte und machte mit den Fingern das Tanzen nach, eben so, daß es mir unvergeßlich ist. Jacob Alberts war eine Persönlichkeit, unverwechselbar."[2] Tochter Maria Sarre erinnerte sich auch an das Bild "Hallig im Herbst" von Alberts, das ihrem Vater Friedrich Sarre gehörte.
1906 unternahm Alberts eine Reise nach Griechenland. In Athen malte er den "Zeustempel mit der Akropolis in Athen".

Vierländer Dielen

Schon vor der Jahrhundertwende suchte der "Halligmaler" Jacob Alberts gelegentlich andere Regionen auf und stellte ihre typischen Motive dar. Auf die Vierlande wurde Jacob Alberts durch den Direktor des Hamburger Museums für Kunst und Gewerbe, Justus Brinckmann, und durch dessen Assistenten Friedrich Deneken hingewiesen, die sich beide seit den neunziger Jahren mit der Kulturgeschichte dieser Marschlandschaft im alten Elbe-Urstromtal im südlichen Hamburg befaßten. Den Maler reizte besonders das malerische Hell-Dunkel der stattlichen Bauernhausdielen, auf denen die Körbe voller Blumen und Gemüse für den Transport nach Hamburg bereitstanden. Auffällig sind auch die großen offenen Herde mit ihren durchbrochenen Türen und die großen "Hamburger Schränke".
Das erste Dielenbild aus Vierlanden befindet sich im dem Krefelder Kaiser-Wilhelm-Museum (Abb. S.83). Es weist, wie eine Reihe weiterer Dartellungen dieses Motivs, eine reizvolle Lichtstimmung und Farbigkeit auf.
Der Flensburger Museumsberg besitzt eine besondere Variante dieses Motivs: das Bild "Zimmer in den Vierlanden" (Abb. S.45). Alberts zeigte das Bild in der 13. Ausstellung der Berliner Secession 1907. Die überzeugende Licht-Schatten-Regie wurde allgemein anerkannt: "Meisterlich versteht Alberts auch die Sonne zu behandeln; die ganze Wucht des prallen Einfalles, der die Gardine aufbrennen läßt, die launische Heiterkeit eines einzelnen Lichtbalkens, die goldige Hülle eines sich im Raum verfangenden Strahlennetzes, das Jauchzende, das Flammende, das Kichernde - die allmächtige Sonne in ihrem unerschöpflichen Reichtum hat Alberts zu vergeben."[3] Es ist um so erstaunlicher, daß in der umfangreichen Literatur über die Vierlande der Maler Jacob Alberts und seine Dielenbilder keine Erwähnung finden.
Darüber hinaus malte Jacob Alberts jedoch auch Landschaften in den Vierlanden. Besondere Erwähnung verdient das Bild "Weißer Holunder", das ehemals zur Sammlung des Kieler Arztes Paul Wassily gehörte, und heute im Nordfriesischen Museum aufbewahrt wird (Abb. S.53).
Ein weiteres "Motiv aus Vierlanden" verkaufte Alberts 1913 auf der Kunstausstellung zur Tausendjahrfeier der Stadt Kassel für 3000 Mark. Das Bild ging offenbar im Krieg verloren.

---

[1] Handschriftlicher Text in Husumer Privatbesitz
[2] Brief an den Verf. vom 1.6.1985.
[3] Westermanns Monatshefte, 53. Jg. 105. Band, Oktober-Dezember 1908, S. 103 f.

Alberts in Ostholstein

Jacob Alberts erzählte Gustav Frenssen, daß er nicht ausschließlich Halligen malen wollte. So arbeitete er in den Vierlanden und fand darüber hinaus neue Motive in Ostholstein. Frenssen schrieb: "Wenn aber der Herbst kommt, zieht es den Maler nach den Buchenwäldern und stillen Seen Ostholsteins. ... in der zweiten Hälfte des Oktober, wenn die ganze Landschaft in Gold und Bernstein getaucht ist und von Tag zu Tag farbensatter wird und das Laub der Buchen zuletzt fast braun ist, wenn die Pappeln hellgoldig gegen die rostbraunen Buchenwände stehen, und das Ganze, dies Wunder an Farbe und Schönheit, noch einmal widerflimmert und -schimmert unten im tieffarbigen See, wenn diese weiche, elegische, aber so gehaltvolle und stolze Lieblichkeit über dieser Landschaft liegt, dann ist es eine Lust für ihn, dort zu malen."[1]
Alberts liebte besonders den kleinen Ukleisee. Unter anderem entstanden Bilder mit der Farbenpracht des Herbstes, in denen er sich nur noch summarisch auf Farbmassen konzentrierte. Gelegentlich malte Alberts auch ostholsteinische Landschaften mit einem weiten Überblick über welliges Land voller Wälder.
In den zwanziger Jahren war Alberts des öfteren Gast des Grafen Waldersee auf Schloß Waterneverstorff im Kreis Plön. Dort malte er den Gartensaal (Abb. S.44). Im Nordfriesischen Museum in Husum befindet sich ein weiteres Bild mit dem Titel "Interieur in Schloß Breitenburg" (Abb. S.93). Max D. Ketels schenkte es dem Museum anläßlich des 100. Geburtstages des Malers.
Im Sommer 1932 kaufte sich der 72jährige Alberts ein kleines Haus in Malente-Gremsmühlen und lebte hier, durch viele Reisen unterbrochen, bis zu seinem Tod im Jahre 1941.

Reisen

Jacob Alberts, der so eng mit Eiderstedt und den Halligen verbunden war, reiste gern und häufig. Er war weltoffen und suchte optische Eindrücke in fremden Ländern. Und er liebte dabei weltmännische Geselligkeit und einen angemessenen Komfort. Obwohl Alberts in verschiedenen Ländern malte, nehmen diese Bilder in seinem Gesamtwerk keinen großen Raum ein.
Im Sommer 1898 reiste Alberts mit dem Schiff "Auguste Viktoria" nach Norwegen, zum Nordkap und nach Spitzbergen. Zwei auf dieser Reise entstandene Bilder sind bekannt.
1915 und 1916 malte Alberts holländische Motive. Erhalten sind eine "Flußlandschaft bei Haarlem" und eine "Kleine holländische Landschaft". Er besuchte Sizilien und reiste an den Luganer See. Bilder von dort haben sich hingegen nicht erhalten
Eine Studienreise führte den Maler nach Südalgier 1913, wo er "in der Oase Biskra in der Wüste Sahara das Karawanenleben der Araber" kennenlernte.[2] Einige Zeichnungen von dieser Reise sind erhalten.

1929/30 unternahm Alberts eine dreimonatige Reise nach Ägypten. Aus Kairo schrieb er an den Eiderstedter Landrat N. C. Reeder: "Ägypten ist wirklich ein fabelhaftes Land, und man hat hier den stärksten Eindruck. Schon lange vorher war es mein Wunsch, dies alte Kulturland zu sehen und bin sehr froh, daß sich dieser Traum nun erfüllte. Die Nillandschaft erinnert stellenweise an die Marsch." Und von der Oase Fayum schrieb er an ihn: "Ich kann Dir gar nicht schildern, welch tolles interessantes Volksgetriebe auf dieser Oase ist. Gestern war Markttag - ich war umklammert von echtem Orient und zeichnete fleißig."
Eine besondere Vorliebe hegte Alberts seit 1911 für Teneriffa. Dort entstand u. a. das Porträt von Max D. Ketels (Abb. S.54). Die Kanarischen Inseln waren zu dieser Zeit nur auf mehrtägigen Schiffsreisen zu erreichen. Alberts konnte sich die angebotenen Bequemlichkeiten auf den Schiffen und in den Hotels leisten, meisterte auch mit Geschick die Schwierigkeiten bei der Devisenbeschaffung in den zwanziger und dreißiger Jahren.
Nach dem Ersten Weltkrieg und der Inflation wurden Reisen in die milde, südliche Klimazone für Alberts zur angenehmen Gewohnheit. 1924 und 1926 war Orotava auf Teneriffa sein bevorzugter Aufenthaltsort. Er malte dort Landschaftsbilder und das Innere der prunkvollen barocken Kirchen. 1938/39 verbrachte der fast achtzigjährige Maler ein letztes Mal den Winter auf Teneriffa.
Vorher war Alberts auf der Insel Madeira und auf Gran Canaria. Seinen Verwandten schrieb er gern von seinen genußreichen Aufenthalten: "Es ist hier göttlich, und wie unendlich glücklich bin ich wieder, auf meiner Insel der Seligen zu sein. Ich bin auf's vortrefflichste in einem schönen, englischen Hotel untergebracht. Es ist recht teuer, aber es liegt direkt am Ozean und ist ohnegleichen."

Späte Ehrungen

Jacob Alberts war in Eiderstedt ein angesehener Mann. Man schätzte seine Malerei, durch die seine engere Heimat und die Inselwelt der Nordsee weithin bekannt geworden war. Die Städtischen Kollegien der Kreisstadt Tönning beschlossen im Herbst 1930, dem siebzigjährigen Maler das Ehrenbürgerrecht zu verleihen. Die feierliche Übergabe des Ehrenbürgerbriefes, der von dem Kieler Zeichenlehrer Wilhelm Kalweit auf Pergament gestaltet und in blaues Leder mit dem Tönninger Stadtsiegel gebunden war, erfolgte am 5. September 1931 in Tönning. Zu seinem 80. Geburtstag im Jahre 1940 sollte der Künstler durch die

---
[1] Gustav Frenssen, Jacob Alberts. Ein deutscher Maler. Berlin 1920, S. 48 f.
[2] Eiderstedter Nachrichten, 22.3.1913.

Goethe-Medaille geehrt werden. Sie war 1932 anläßlich des hundersten Todestag des Dichters Goethes gestiftet worden und wurde vom Reichspräsidenten verdienten Künstlern verliehen. Alberts genoß als alter Maler in Schleswig-Holstein noch immer eine hohe Wertschätzung. Gauleiter H. Lohse schlug ihn für die Goethe-Medaille vor, wenngleich sich Alberts nicht durch politisches Wohlverhalten empfohlen hatte.

Am 3. 7. 1940 meldeten die "Eiderstedter Nachrichten": "Der Führer hat dem Maler der friesischen Halligen, Professor Jacob Alberts in Malente-Gremsmühlen, aus Anlaß der Vollendung seines 80. Lebensjahres die Goethe-Medaille für Kunst und Wissenschaft verliehen."

Am selben Tag hatte aber Lohse durch ein weiteres Schreiben Einwände gegen die Verleihung vorgebracht. "Die örtliche Presse habe ein Glückwunschschreiben von Lohse veröffentlicht, worauf der Kreisleiter von Eutin mitteilte, Alberts sei wegen 'Vergehens gegen den § 175 RStGB verurteilt' worden ... Lohse habe damals den Antrag auf Bitten interessierter Kreise in Schleswig-Holstein gestellt, obwohl er A. selbst nur kurz vor einigen Jahren kennengelernt habe; ... er empfehle, Alberts mitzuteilen, ... es wären nachträglich die gegen ihn duchgeführten Verfahren bekannt geworden, so daß die Aushändigung ... unterbleiben müsse."[1] Lohse ließ dem Maler mündlich mitteilen, daß es keine Verleihung geben werde. Alberts bat darum, daß man auf eine entsprechende Veröffentlichung in der Presse verzichten möge. Als er am 7. November 1941 starb, wurde die Goethe-Medaille in keinem Nachruf erwähnt.

Die Verleihung und die Aberkennung der Goethe-Medaille hatten nichts mit der politischen Haltung Jacob Alberts' zu tun. Durch seinen Lebensweg und durch seine Freunde war er gegen die nationalsozialistische Kunstdoktrin und ihre Vorläufer gefeit. Für Alberts gab es keine "Abkehr von der Großstadt", keine Forderung "Zurück aufs Land". Er kannte auch keinen "Affekt gegen die Großstadt."[2] Alfred Kerr hat früh erkannt, daß Alberts anders beurteilt werden muß: "Der Halligmaler Jacob Alberts ... Sezession, Paris, Weltmensch; doch von der Küste des Wattenmeers gekommen; und ihr verhaftet für immer, ohne Feierlichkeit, ohne Heimatskunst ..."[3] Nichts rechfertigt die Annahme, Alberts habe, völkischen Naturideologie der NS-Kunst Folge geleistet.[4]

Das öffentliche Interesse an den Bildern von Jacob Alberts ist in den vergangenen Jahren sicherlich gewachsen, hat aber dennoch bislang nicht die Intensität erreicht, die ihm eigentlich zu kommen sollte.

---

[1] Otto Thomae, Die Propaganda-Maschinerie. Bildende Kunst und Öffentlichkeitsarbeit im Dritten Reich. Berlin 1978.
[2] Jürgen Ostwald, Natur und Heimat. Notizen zur schleswig-holsteinischen Landschaftskunst. In: Natur und Naturzerstörung in der schleswig-holsteinischen Kunst der letzten 200 Jahre. Kiel 1985. S. 43.
[3] Alfred Kerr, Jacob Alberts in Flensburg. In: Der Tag, Berlin, 9.7.1910.
[4] Jürgen Ostwald, a.a.O. S.43.

Porträt der Mutter des Künstlers, um 1884. Öl auf Leinwand, 64 x 51 cm, Nordfriesisches Museum Husum, Vermächtnis Käthe Delff, Husum

Schmied Broders aus Westerhever, um 1890. Öl auf Karton, 47 x 35 cm. Nordfriesisches Museum Husum

Siekhof, um 1885. Öl auf Leinwand, 35 x 50 cm. Privatbesitz

Der Urlauber, 1883. Öl auf Leinwand, 58 x 52 cm. Privatbesitz

Scheune vom Siekhof. Blick zum Augustenkoog mit Mühle, um 1885. Öl auf Leinwand, 66 x 117 cm. Privatbesitz

Porträt meines Bruders Peter, 1883. Öl auf Leinwand, 62 x 47 cm. Privatbesitz

Beichte auf Hallig Oland, 1891. Öl auf Leinwand, 92 x 86 cm. Nordfriesisches Museum Husum

Allein, 1892. Öl auf Leinwand, 44,5 x 39 cm. Privatbesitz

Dünen im Listland / Sylt, um 1900. Öl auf Leinwand, 68 x 118,5 cm. Nordfriesisches Museum Husum

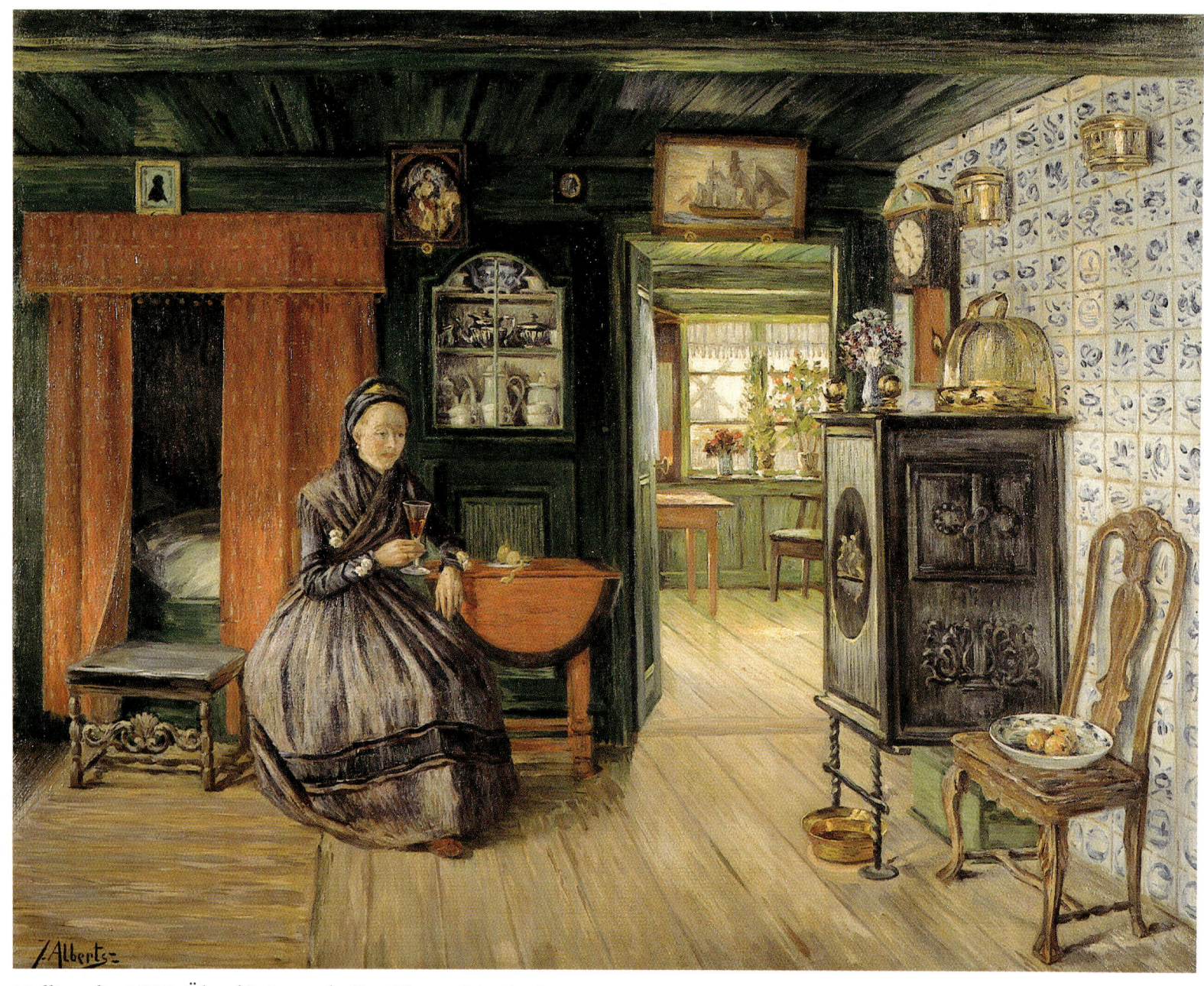

Halligstube, 1899. Öl auf Leinwand, 61 x 73 cm. Privatbesitz

Halligstube, 1894. Öl auf Leinwand, 71 x 78 cm. Privatbesitz

Kaffeegesellschaft, 1895. Öl auf Leinwand, 104 x 126 cm. Nordfriesisches Museum Husum

Errata

Das Bild auf Seite 32 ist:
Grüne Stube, 1894. Öl auf Leinwand,
64,5 x 81 cm. Privatbesitz

Das Bild auf Seite 35 ist:
Halligstube, 1899. Öl auf Leinwand,
61 x 73 cm. Privatbesitz

Grüne Stube, 1894. Öl auf Leinwand, 64,5 x 81 cm. Privatbesitz

Diele in Vierlanden, o.J. Öl auf Leinwand, 71 x 62 cm. Privatbesitz

In Vierlanden, o.J. Öl auf Leinwand, 47 x 57,5 cm. Privatbesitz

Küstenheide auf Föhr. Am Südstrand, 1911. Öl auf Leinwand, 88 x 106 cm. Nordfriesisches Museum Husum, Vermächtnis Ella und Dr. Walter Fuglsang

Blick vom Siekhof auf Knutzenwarft, o.J. Öl auf Leinwand, 59,5 x 73,5 cm. Privatbesitz

Hallig Gröde mit Blick auf Nordstrandischmoor und Hamburger Hallig, o.J. Öl auf Leinwand, 82 x 82 cm. Schiffahrtsmuseum Nordfriesland Husum

Blick auf das Berghaus, o.J. Öl auf Pappe, 53 x 72 cm. Privatbesitz

Blühende Hallig, um 1903. Öl auf Leinwand, 98 x 118 cm. Nordfriesisches Museum Husum

Blühende Felder vor Keitum, um 1900. Öl auf Leinwand, 51 x 71 cm. Schleswig-Holsteinisches Landesmuseum Schloß Gottorf, Schleswig

Blick in die Diele von Schloß Waterneverstorf, o.J. Öl auf Leinwand, 64,5 x 78,5 cm. Nordfriesisches Museum Husum, Geschenk von Senator M. D. Ketels, Hamburg

Zimmer in den Vierlanden, vor 1908. Öl auf Leinwand, 74 x 74,5 cm. Museumsberg Flensburg

Gipsabgüsse im Neuen Museum I, o.J. Öl auf Leinwand, 48 x 76cm. Privatbesitz

Griechische Plastiken, 1916. Öl auf Leinwand, 80 x 69 cm. Privatbesitz

Blühende Hallig, um 1914, Öl auf Leinwand, 91 x 106 cm. Galerie Jörg von Negelein, Kiel

Kate in Vierlanden, o.J. Öl auf Leinwand, 77 x 93 cm. Privatbesitz

Süderoog mit Priel, 1929 - 1932. Öl auf Leinwand, 79 x 96 cm. Privatbesitz

Baumblüte in Vierlanden, o.J. Öl auf Leinwand, 52 x 70 cm. Privatbesitz

Blick zum Kreuzhof, o.J. Öl auf Leinwand, 74 x 88 cm. Privatbesitz

Blühender Holunder, o.J. Öl auf Leinwand, 63,5 x 52 cm. Nordfriesisches Museum Husum, Vermächtnis Dr. Paul Wassily, Kiel

Porträt Max D. Ketels auf Teneriffa, um 1911. Öl auf Leinwand, 52 x 47 cm. Privatbesitz

Blumenstilleben. Dahlien, o.J. Öl auf Pappe, 53 x 54 cm. Privatbesitz

Bäume am Teich, o.J. Öl auf Pappe, 50 × 62 cm. Nordfriesisches Museum Husum

Blick aus der Stalltür, o.J. Öl auf Leinwand, 64 x 70 cm. Privatbesitz

Warft auf Süderoog, o.J. Öl auf Leinwand, 62 x 72 cm. Privatbesitz

Uwe Haupenthal
Anmerkungen zur kunsthistorischen Einordnung des Werkes von Jacob Alberts

Als sich Jacob Alberts 1890 in Berlin niederließ, um in der wirtschaftlich und kulturell sich entwickelnden Hauptstadt des Deutschen Reiches Fuß zu fassen, konnte er eine gediegene künstlerische Ausbildung vorweisen. Alberts hatte sechs Jahre an zwei der führenden deutschen Akademien studiert, in Düsseldorf und München, und absolvierte einen kurzen, künstlerisch wenig ergiebigen Aufenthalt in Florenz. Damit entsprach er dem weithin noch als verbindlich erachteten akademischen Kanon. Von weit größerer Bedeutung, nicht zuletzt im Hinblick auf sein späteres Renommee als Maler in einer sich rasch verändernden kulturellen Situation in Deutschland, insbesondere in Berlin, war jedoch sein mehrjähriger Aufenthalt in Paris. Alberts studierte nicht nur an der auch Ausländern zugänglichen Académie Julian, sondern errang auch erste Erfolge als angehender Maler. Motivisch setzte er sich mit Genredarstellungen auseinander, zeigte vorwiegend Innenraumszenen, wie er sie in seiner nordfriesischen Heimat vorgefunden hatte. Neben Porträts seiner Familie, von Verwandten und Freunden, entstanden aber auch erste Stilleben und Landschaften, vor allem Bilder des elterlichen Hofes auf der nordfriesischen Halbinsel Eiderstedt. Diese Bilder besitzen Studiencharakter und waren als solche nicht für öffentliche Ausstellungen gedacht.

Während der Sommermonate reiste Alberts nach Nordfriesland und begann mit den Vorarbeiten zu dem repräsentativen Figurenbild der "Beichte auf Oland" (Abb. S. 29). Die erste Fassung verwarf er offenbar bereits im Stadium der Untermalung. Eine sorgfältig durchgearbeitete Innenraumstudie hat sich hingegen erhalten (Abb. S. 13). Erst im darauffolgenden Jahr gelang vor Ort eine gültige Fassung des Themas.

Jährliche Sommeraufenthalte in Nordfriesland boten zeitlebens den zentralen künstlerischen Rückhalt im Schaffen des Malers, wenngleich die Motivik seiner Bilder, entsprechend der allgemeinen künstlerischen Entwicklung vor und nach der Jahrhundertwende, sich wandelte. Jacob Alberts reflektierte diese nicht nur, sondern war daran als Maler in der sich kulturell mehr und mehr entwickelnden Metropole Berlin aktiv beteiligt.

Das Bild der "Beichte auf Oland" zeigt den detailreichen, akribisch wiedergegebenen Altarraum der Halligkirche auf Oland. Im Zentrum des Bildes, in unmittelbarer Nähe zum Altar, steht der Pastor und hält eine Predigt. In den Kirchenbänken vor ihm sitzen ein älterer Mann im Bildvordergrund sowie drei Frauen unterschiedlichen Alters vor einer nüchtern wirkenden, weiß gekalkten Wand im Hintergrund. Gerade diese Frauengruppe weist auf eine Rezeption des zwischen 1878 und 1882 gemalten und bereits unmittelbar nach seiner Vollendung berühmten Bild der

Wilhelm Leibl (1844 - 1900), *Drei Frauen in der Kirche*, 1879 - 1882. Hamburger Kunsthalle

"Drei Frauen in der Kirche" von Wilhelm Leibl hin. Alberts machte die Beschäftigung mit diesem Bild zum Ausgangspunkt seiner eigenen künstlerischen Karriere. Es war dies ein mit Selbstbewußtsein vorgetragenes, wohlkalkuliertes künstlerisches Unterfangen, das nicht nur die zuvor erworbenen handwerklichen Fertigkeiten unter Beweis stellte, sondern zugleich auch eine Herausforderung bedeutete, an der er künstlerisch reifte, wie die Genese des Bildes belegt. Das Thema des figural besetzten Interieurs bewegte sich im Bereich zwischen Genre- und Figurenbild. Realismus und Naturalismus hatten bereits in den Jahrzehnten zuvor alle bis dahin gültigen Grenzen hinfällig werden lassen. Was statt dessen zählte, war die bildnerische Umsetzung einer künstlerischen Haltung.

Alberts setzte sich bereits als Student eingehend mit der Malerei Wilhelm Leibls auseinander. Dies belegen die Studien "Bayerischer Bauer und Bäuerin" aus dem Jahre 1885 (Abb. S. 68f.) eindrücklich. Er kannte zudem mit großer Wahrscheinlichkeit Leibls Bild "Drei Frauen in der Kirche" aus eigener Anschauung, das auf der 1883 in München stattfindenden Internationalen Kunstausstellung die Hauptattraktion gewesen war. Erste Reproduktionen sorgten zudem für eine rasche Verbreitung. Auch Vincent van Gogh erwähnte Leibls Bild in einem Brief an seinen Bruder Theo vom April 1883, das er als "wunderbar in der Empfindung" beschrieb. Parallelen zwischen beiden Bildern drängen sich freilich nicht nur im Motivischen auf. Vielmehr sind es auch die besonderen Bedingungen ihrer Entstehung und Rezeption, die vergleichbar sind.

Leibl nahm in diesem Zusammenhang zu Beginn der künstlerischen Laufbahn von Jacob Alberts für diesen die Rolle des paradigmatischen Vorbildes ein. Alle Welt kannte den Maler, der sich nach seinem Studienaufenthalt in Paris in die bayerische Provinz zurückgezogen hatte. Dort scharten sich junge, talentierte Maler um ihn, in deren Kreis er nicht nur unbezweifelte Autorität besaß, sondern die in ihrer eigenen Arbeit auch die Rezeption von Naturalismus und Realismus im Sinne einer nationalen Identitätsfindung weit über den süddeutschen Raum hinaus beflügelten. Wie Leibl wandte sich Alberts in einem als solchem erkennbaren Akt dem einfachen, bäuerlichen Lebenskreis zu, wobei das norddeutsch-friesische Milieu, im Gegensatz etwa zu dem süddeutsch-bayerischen Umkreis, durchaus typologisches Eigenleben und motivische Eigenart sicherte. Die Küste Nordfrieslands und ihre vorgelagerten Inseln und Halligen verhalfen Alberts bald zu Berühmtheit und wurden sein eigentliches künstlerisches Markenzeichen. Obwohl er auf der Halbinsel Eiderstedt als Sohn einer alteingesessenen Bauernfamilie aufwuchs, hatte er doch, aufgrund seiner Ausbildung und seines beruflichen Werdeganges, ein typisch bildungsbürgerliches Selbstverständnis erworben. In Berlin verkehrte er in bourgeoisen Kreisen, war u.a. mit dem Industriellen Walther Rathenau, dem Theaterkritiker und Schriftsteller Alfred Kerr, dem Islamisten Friedrich Sarre und dem Archäologen Reinhard Kekulé befreundet.

Alberts erarbeitete sich die Motive seiner Heimat vor dem Hintergrund der künstlerischen Tradition des 19. Jahrhunderts und deren latentem Gegensatz zwischen realistisch-naturalistischer und idealistischer Sichtweise. Der Maler wahrte stets Distanz zum Bildgeschehen. Momente des Idyllischen, d.h. eine irrational begründete, emotionalisierte Aussöhnung mit Natur und Kultur, wie etwa in den Bildern Carl Ludwig Jessens, gibt es in seinen Bildern nicht.

Das Bild der "Beichte auf Oland" liefert dafür Belege. Es besitzt in seiner Komposition einen klaren, eindeutigen Aufbau, wobei die suggestive Kraft des Raumes, im Gegensatz zu Leibls Bild, dominiert. Die Figur des Pastors ist von einer profilsichtig-strengen, geradezu statuarischen, den Raum zentrierenden Geschlossenheit. Bilder fundamentaler Glaubensinhalte der christlichen Religion, der Tod am Kreuz und die Auferstehung Jesu Christi, umgeben den Pastor und erschließen unmißverständliche Bezüge. Gegenüber der in leichter Untersicht wiedergegebenen Figur des Pastors erscheint die Gruppe der in den Kirchenbänken sitzenden Gläubigen klein und unscheinbar. Dabei entwickelte Alberts in der jeweiligen Blickrichtung der Figuren ein differenziertes kompositorisches Beziehungsgeflecht. Der Pastor ist auch physisch über seine Gemeinde erhoben und blickt in die Ferne. Lediglich die Figuren am äußersten linken Bildrand sind auf ihn fixiert und runden die Komposition ab. Die beiden älteren Frauen scheinen hingegen in sich versunken zu sein. Auf diese Weise ergibt sich zwischen den Figuren des Bildes ein differenziertes, auch psychologisch ausdeutbares Gefüge. Der Ausdruck der Gesichter der Gläubigen etwa steht für die Schicksalshaftigkeit des menschlichen Lebens, aber auch für Frömmigkeit und Gottvertrauen. Der Mann im Bildvordergrund mit seinem Ohrring sowie das an der Kirchendecke aufgehängte Schiffsmodell verweisen auf die Seefahrt. Religiöse Inhalte stehen vereinzelten, gezielten Hinweisen typologisch eingegrenzter Realitätserfahrung entgegen.

Alberts schuf demnach kein religiöses, sinnstiftendes Bild, sondern vermittelte vielmehr, wie im übrigen auch Leibl, die Beobachtung einer religiöse Handlung. Er berief sich auf die Tradition des bäuerlichen Genrebildes, das, durch Wilhelm Leibl popularisiert, im späten 19. Jahrhundert als Gegenbild zu der ungebremsten Industrialisierung und den damit einhergehenden sozialen Verwerfungen fungierte. Wie Leibl löste sich jedoch auch Alberts von jeglicher vorgefaßter Ideologisierung zugunsten primär künstlerischer Fragestellungen. Die Figuren verkörpern weder die Vision einer heilen, bäuerlichen Welt, noch sind sie als tumbe, kulturlose Wesen wiedergegeben. Im Gegenteil. Wenigstens zwei von ihnen lauschen den Predigtworten des Pastors, werden von diesem somit auch als Adressaten akzeptiert.

Was vor allem zählte, war die gestaltete, untrennbare Einheit von Geistigem und Sinnlichem. Schillers, 1797 im Briefwechsel mit Goethe geäußerte Meinung - "Zweierlei gehört zum Poeten und Künstler: daß er sich über das Wirkliche erhebt und daß er innerhalb des Sinnlichen stehen bleibt. Wo beides verbunden ist, da ist ästhetische Kunst" - besaß auch gegen Ende des 19. Jahrhunderts Gültigkeit. Entsprechend dieser Maxime suchte Alberts, im Gegensatz etwa zu Leibl, in der sachlich-nüchternen Wiedergabe des Altarraumes, aber auch in den Figuren selbst, eine würdige und feierliche Spannung zu erzeugen. Die beiden den Pastor umgebenden Kirchenbilder vermitteln assoziative Gehalte und umreißen zugleich einen religiös bestimmten existentiellen Rahmen, innerhalb dessen sich die eigentliche Bildhandlung - die predigt des Pastors - ereignet. Das gesprochene Wort, charakteristisch für den protestantischen Gottesdienst, wird sinnfällig als in übergeordneter, abstrakter Begriff durch die rhetorische Handhaltung des Pastors zum Ausdruck gebracht. Sie dominiert die Komposition des Bildes, nähert es der Historie an, ohne daß letztlich ein bestimmter, für den Betrachter bewertbarer Inhalt zu erkennen ist. Alberts entging auf diese Weise nicht zuletzt dem von verschiedener Seite gegenüber Leibl erhobenen Vorwurf der Phantasielosigkeit und bloßen Abbildlichkeit des Wirklichen, führte eine Intensivierung der Erfahrung der Realität vor Augen, ohne den geistigen Gehalt als existentielle Bezugsgröße zu vernachlässigen.

Das Bild verharrt freilich im Allgemeinen, sucht einen Ausgleich zwischen Inhalt, Abbild und einer überzeugenden konstruktiven kompositorischen Anlage. Auch darin läßt sich ein Reflex auf Leibls Bild erkennen. Während dieser, in zahlreichen Kritiken unterschiedlich bewertete, perspektivische Verzerrungen in Kauf nahm, dabei jedoch eine straffe figürliche Komposition in extremer Nahsicht zeigte, erschloß sich Alberts ein tiefenräumliches Arrangement, in dem Figuren und sakrale Gegenstände in klaren Beziehungen zueinander stehen. Figuren befinden sich in einem sakralen Raum, wenngleich sie diesen, wie in Leibls Bild, auch nicht durch ihre physische Präsenz 'besetzen'.

Alberts hatte sich künstlerisch weiterentwickelt. Die nüchterne, etwas distanzierte und um eine veristisch anmutende Beschreibung der vorgefundenen Realitäten bemühte Malweise, unterschied sich grundlegend vom malerischen, auf Tonwerte setzenden Realismus seiner Münchner Studienzeit (vgl. "Porträt der Mutter des Künstlers", o.J. oder "Der Urlauber", 1884, (Abb. S. 23) und S. 26). Diese, auf die malerische Tradition Karl Theodor von Pilotys zurückgehende Arbeitsweise negierte den 'klassizistischen' Umriß zugunsten einer sfumatohaften Hell-dunkel-Malerei. Statt dessen zählte nun die nüchterne, farbig zurückhaltende, zumindest jedoch nicht expressiv übersteigerte, zugleich raumreflektierte Wiedergabe gesehener Wirklichkeit, in der sich die konzeptionelle Anlage eines Themas und dessen bildnerische Gestaltung ponderierend durchdringen. Damit ist ein Wesenszug der Malerei von Jacob Alberts angesprochen, den es hinsichtlich späterer Modifikationen im Auge zu behalten gilt.

War Alberts' "Beichte auf Oland" ein bildnerischer Wurf, so variierte eine im Jahr darauf entstandene zweite Fassung, die 1945 im Magdeburger Kaiser-Friedrich-Museum verbrannte "Predigt auf Gröde", das Thema des kirchlichen Innenraumes (Abb. S. 74). In dem kargen Ambiente, in dem neben den Kirchenbänken ein Taufbecken, der Treppenaufgang zur Kanzel, eine Schiefertafel zum Anzeigen der Kirchenlieder, ein Spruch an der Balkendecke sowie ein Schiffsmodell zu sehen sind, wendet sich der Pastor von der Kanzel aus seiner in sich gekehrten Gemeinde zu. Statt einer festlichen, durch Bilder überhöhten Szenerie, öffnet sich der Raum durch zwei Fenster nach draußen, wodurch die Figuren in einem verklärend-summarischen Gegenlicht erscheinen. Draußen fährt gerade ein Schiff vorbei. Man befindet sich auf einer Hallig! Detailreich geschilderte Realität verbindet sich dadurch punktuell mit symbolischen Anspielungen. Insgesamt gesehen ist die kompositorische Anlage der "Predigt auf Gröde" jedoch weniger stringent und beziehungsreich gestaltet als die "Beichte auf Oland". Was beide Bilder nicht zuletzt fundamental unterschied, war der Grad an kompositorischer Finesse und einer damit einhergehenden apodiktischen Strenge.

In anderen Interieurs typisierter nordfriesischer Stuben blieb Alberts eindeutiger den Konventionen des Genrebildes verpflichtet. In ihnen beschrieb er detailreich und mit verhaltener Akribie den charakteristischen Bilegger (Ofen), Möbel, Kacheln und die zahlreichen Dinge des Alltags. Von ihnen geht nicht selten eine Festtagsstimmung aus, wenngleich ein atmosphärisch vereinheitlichter, pathetisch-überhöhter Gesamteindruck zugunsten genauer Schilderung vermieden wurde, die das Augenmerk vor allem auf zahllose so vorgefundene Details lenkte, deren bloße Zusammenstellung das Gegenbild zum Pomp wilhelminisch-gründerzeitlicher Wohnkultur bildeten. Die Bewohner dieser Stuben erscheinen wie stillebenartig arrangierte Elemente, die keineswegs die Komposition dominieren. Alles ist wohlgeordnet und von einer farbigen Intensität, die dem einzelnen Gegenstand kritiklos seine Daseinsberechtigung beläßt. Interieurs muten wie eine Sammlung wenig kohärenter, stilistisch uneinheitlicher Teile an, von denen freilich als Ganzes eine archetypisch-kraftvolle, ungekünstelte Wirkung ausgeht.

Was ihn von der Warte eines Berliner Großbürgers und Intellektuellen darüber hinaus als Maler fasziniert haben dürfte, waren formale bzw. farbliche Konfrontationen und Brüche und ein kompositorisch interessantes, weil scheinbar stilistisch nicht genormtes Zusammentreffen großer und kleiner Teile. Die mit Blumenornamenten versehene Türfüllung in dem Bild "Halligstube" von 1894 beispielsweise (Abb. S. 33) erscheint als ein Gegenstand, dessen Gestaltung und Farbgebung auf den ersten Blick den Eindruck von etwas Eigenartigem und Fremdem, zumindest jedoch Ungewohntem erweckt. Alberts' naturalistische Bildauffassung 'lebt' mithin von der Eindrücklichkeit und Kraft des Sujets, dem sich Konventionen des Geschmacks, stilistisches Wissen, der bildungsbürgerliche Wertehorizont geflissentlich unterordnen. Die von Alberts im letzten Jahrzehnt des vergangenen Jahrhunderts gemalten Interieurs zeugen indes von einer naturalistischen Positionssuche, die freilich eine ideologische Überhöhung des Themas, etwa im Sinne 'einfaches, aber intaktes Landleben gegen städtisch-bürgerliche Entfremdung' von vorn herein ausschloß. Alberts, von Herkunft und Ausbildung ein Grenzgänger zwischen beiden Welten, blieb auch in seinen frühen Genrebildern vor allem ein Maler, der sich nicht nur in einem direkten Zugriff dinglicher Gestalthaftigkeit bemächtigte, sondern darüber hinaus auch allmählich ein farbiges Potential herausfilterte.

In dem großen Figurenbild der "Kaffeegesellschaft" von 1895 (Abb. S. 34) stellte Alberts Physiognomien alter und junger Menschen, respektive deren Verhalten, in dieser Umgebung in den Mittelpunkt. Würdig und ernst sind zwei der drei Alten in ein Gespräch vertieft. In sich gekehrt trinkt eine dritte alte Frau aus ihrer Tasse, während die beiden Mädchen am linken Bildrand in steifer Haltung aufmerksam das Gespräch verfolgen. Alle Frauen tragen Tracht. Der alte Mann ist mit charakteristischem Bart als Seefahrer ausgewiesen. Ohne Zweifel haftet der Szenerie etwas Aufgesetztes an, so als führten sie bühnenreif eine vorab einstudierte Handlung aus. Deren Wirkung resultierte jedoch vor allem aus der Konzentration auf die Figuren, ihre Kleidung sowie aus ihrem Benehmen, während die Beschreibung der Stube auf das Nötigste beschränkt blieb. Sonnenlicht erhellt den Raum, wodurch die Figuren selbst wie illuminiert im Gegenlicht zu sehen sind. Ihre Konturen erscheinen wie mit Licht gestaltet. Auf diese Weise vermied Alberts Schlagschatten und damit eine unruhig-bewegte Anlage der Figuren. Auf den Fensterbänken stehen Geranienstöcke. Die rote Farbe der Blüten sorgt für eine farbliche Intensivierung wie für eine Belebung der Szenerie. Das Licht bildet somit ein Äquivalent zu dem übrigen Bildgeschehen.

Das Verhältnis von Licht und Schatten im Innenraum bestimmt auch das eher kleinformatige Bild "Allein", das um 1892 entstanden ist (Abb. S. 30). Da es bereits 1893 auf der Weltausstellung in Chicago zu sehen war, muß ihm Jacob Alberts selbst, aber auch die Auswahlkommission, große Bedeutung zugemessen haben. - Zur Beschreibung: Eine alte Frau sitzt an einem Tisch an einem halb geöffneten Fenster und strickt. Der Blick fällt nach draußen auf eine Wiese mit Zäunen. Das Innere der getäfelten blauen Stube ist schlicht, jedoch nicht ärmlich. Nur wenige Gegenstände beanspruchen Aufmerksamkeit. Im Vordergrund des Bildes ist ein Stuhl zu sehen, der vom Tisch abgerückt wurde. Teekanne, eine Tasse, eine Zuckerdose sowie ein Teller mit Kuchen formen keineswegs ein ästhetisierend-geschlossenes Stilleben, sondern erscheinen realistisch wie zum Gebrauch bereitgestellt. Der Raumschmuck ist einfach, dezent und wurde geschickt arrangiert. Die Komposition des Bildes insgesamt hinterläßt einen wohlgeordneten, zugleich jedoch auch konzentrierten Eindruck, wobei eine wunderbare Harmonie zwischen der Figur, ihrer Tätigkeit, dem sie umgebenden Interieur sowie der sich durch das Fenster erschließenden Landschaft entsteht. Die einzige Lichtquelle des Raumes, das geöffnete Fenster, sorgt für eine gedämpft wirkende Szenerie, in der alles gleichgewichtig erscheint.

Gegenüber der spröden, an der Fixierung von Detailstrukturen interessierten "Beichte auf Oland" nimmt das Bild "Allein" eine deutliche Gegenposition ein. Alberts gelang eine überzeugende, weil gänzlich ungezwungene Darstellung, in der sich Motivik und Inhalt in vollkommener Harmonie durchdringen, die zugleich jedoch auch den Genrecharakter zugunsten einer lichtabhängigen, übergeordneten Wirklichkeitsdarstellung in den Hintergrund treten läßt. Das Tageslicht spiegelt sich auf den horizontalen Flächen des Raumes - auf der Fensterbank, der Tischfläche und auf der Sitzfläche des Stuhles im Bildvordergrund, stellenweise auch auf der Bodenfläche. Die im Bereich des Fensters durch den Lichteinfall besonders intensiv wirkende reine blaue Farbe erhält in diesem Zusammenhang eine bildstrukturierende, ästhetisch tragende Funktion. Sie ist es, die einen optisch dominierenden Akkord anschlägt, in dem sich gleichermaßen die Situation der Bildfigur wie auch die ästhetischen Vektoren des Malers wiederfinden. Die detailreiche Beschreibung des Interieurs der Kirche von Oland wurde dabei durch eine farborientierte Konzeption abgelöst. Dem Krug am linken unteren Bildrand kommt indes hinsichtlich der Frage nach der räumlichen Darstellung eine ganz besondere Bedeutung zu. In ihm deutet sich, sozusagen stellvertretend für die gesamte Szenerie, raumerschließende Plastizität an. Große Teile des Raumes hingegen verbleiben im Halbdunkel. Sie legten eine Malweise nahe, die von veristischer Schilderung Abstand nahm zugunsten einer etwas gröberen, summarischen Pinselschrift. Das von Alberts gewählte bescheidene Format ist gleichermaßen durch kompositorische Großzügigkeit wie durch ein, wie selbstverständlich wirkendes, besonderes Gespür für menschliche Nähe und Intimität bestimmt. Figur und Raum, aber auch die im Ausschnitt erkennbare Landschaft, verschmelzen zu einer Einheit.

Alberts war offenbar zu jeder Zeit vor allem an malerischen Fragen interessiert und überließ sich keineswegs einer ideologisch begründeten Darstellung des besonderen abgeschlossenen nordfriesischen Lebenskreises mit seiner ausgeprägten Typik. Dies läßt sich auch mit Blick auf die Motivgruppe der seit 1897 entstandenen Bilder der Vierländer Dielen ohne weiteres nachvollziehen. In ihr behielt Alberts zwar den Charakter des Bäuerlich-Volkstümlichen grundsätzlich bei, transformierte diesen jedoch auf eine neutralere Ebene.

Häufig unter Verzicht auf kompositorisch zentrierende und damit inhaltlich determinierende Figuren werden in einigen dieser Bildern nicht nur Innen- und Außenraum wiederum miteinander verbunden. Licht flutet auch durch geschlossene Fenster und erzeugt auf Möbeln und Gegenständen ein optisches Wechselspiel, das nicht selten deren plastische Autonomie zugunsten einer malerisch bestimmten Gesamtwirkung zurückdrängte. Blumen in Körben bilden einzelne, fleckartige Zonen reiner Farbe aus und strukturieren den diffus wirkenden Raum.

Diese Bilder setzten im Schaffen des Malers um die Mitte der neunziger Jahre des vorigen Jahrhunderts eine deutliche Zäsur. Sie bilden gleichsam den Übergang zur Erschließung der offenen - nordfriesischen - Landschaft, mit der Jacob Alberts als Maler in den folgenden Jahren einen neuerlichen, künstlerisch sicherlich entscheidenden Karriereschub erfahren sollte.

Dabei fällt eben auf, daß er auf eine Auseinandersetzung mit der Landschaft zunächst fast vollständig verzichtete, so als fehlten

Wohnzimmer des Orientalisten Friedrich Sarre, Neubabelsberg bei Berlin. Über dem Kamin hängt das Bild, *Hallig im Herbst* von Jacob Alberts. Auf dem benachbarten Schrank steht eine kleine Plastik von Aristide Maillol. Zwischen den beiden Vorhängen erkennt man das Porträt Sarres von Max Liebermann.

ihm die malerisch-gestalterischen wie auch die konzeptionellen Mittel. Frühe, während seines Studiums gemalte Landschaften, vorwiegend des elterlichen Hofes haben Studiencharakter und standen zudem in einem eher persönlich-privaten Kontext. Sie sind in diesem Zusammenhang von nachgeordneter Bedeutung. Weiterhin ist es auffällig, daß Alberts in seiner Malerei offenbar das Porträt vernachlässigte. Er scheint in dieser Gattung keine allzu großen Ambitionen besessen zu haben. Mag sein, daß es an entsprechenden Aufträgen fehlte. Bildnisse blieben allenfalls Gelegenheitsarbeiten. Psychologisches Einfühlungsvermögen besaß Alberts hingegen durchaus, was ein Blick auf seine erhaltenen Zeichnungen belegt. Diese waren in Berliner Künstlerkreisen wohl so geschätzt, daß man ihm die Stelle eines Lehrers an der Berliner Zeichen- und Malschule des Vereins der Künstlerinnen und Kunstfreundinnen von 1867 antrug. Dort unterrichtete er in den Jahren zwischen 1894 und 1898 Kopfzeichnen. Seine wohl talentierteste und späterhin berühmte Schülerin war 1896 die Malerin Paula (Modersohn-) Becker. Alberts übte auf sie, wenigstens vorübergehend, großen Einfluß aus, indem er sie mit einer gewissen Strenge forderte und ihr im Kopfzeichnen offenbar wesentliches künstlerisches Rüstzeug vermitteln konnte (vgl. Abb. S. 17). Ein Indikator für die allgemeine Wertschätzung seiner Grafik war der Ankauf von zwei Zeichnungen durch das Kupferstichkabinett der Berliner Nationalgalerie (Abb. S. 76f.)

In seinen mit Kohle, Kreide oder Rötel ausgeführten Blättern näherte sich Alberts offenbar spontan, in sicherem Zugriff und mit großer Verve dem Gegenüber. Charakteristisch blieb die Ansicht im Gegenlicht, die zu einer die Gesichtszüge modellierenden, prononciert vorgetragenen, verlebendigenden Verschattung und, im Kontrast, zu hellen, vom Sonnenlicht beschienen Porträts führte. Einsehbar, daß eine Zeichnung wie der "Studienkopf des Fischers Andreas Ostermann aus Westerhever" (Abb. S. 78) im Freien entstanden ist. Verrät das Blatt auch eine gewisse Kenntnis des Zeichenstils von Adolph Menzel, so fehlt ihr doch deren szenisch angelegter Studiencharakter. Alberts' Zeichnung diente offenbar nicht der Vorbereitung eines Bildes, sondern beansprucht, wie die meisten der wenigen erhaltenen grafischen Arbeiten des Künstlers, eine autonome Abgeschlossenheit und Endgültigkeit in der Ausführung. Wiederum kam es vor allem auf die unmittelbare gestalterische Umsetzung des unter realen Bedingungen beobachteten, eben visuellen Eindrucks an. Die Bedingungen einer naturalistisch erfahrenen Realität wurden gegenüber anderen - idealistischen - Bedeutungsgehalten zumindest als gleichgewichtig erachtet. Ob es eine zeichnerische Vorbereitung seiner Figurenbilder und Interieurs gegeben hat, kann indes an dieser Stelle wegen des Verlustes des Nachlasses des Künstlers nicht beantwortet werden.

Der Stellenwert der Zeichnung im Schaffen des Künstlers erschließt sich exemplarisch aus der erhaltenen Zeichnung einer Armenhäuslerin, die ihm in den letzten Jahren des vorigen Jahrhunderts oft Modell gestanden hatte. Auf ihren Stock gestützt steht "Die alte Wiebke" etwas gekrümmt und in sich gekehrt (Abb. S. 81). Ihre große, schwielige Hand wird ebenso als ein Ausdrucksträger wiedergegeben wie das Gesicht mit dem zahnlosen, eingefallenen Mund und die Figur als Ganzes. Armut bedeutet indes nicht zwangsläufig auch das Tragen eines zerrissenen, zerlumpten Kleides. So wird die Zeichnung der alten Wiebke zu einem aus der unmittelbaren Anschauung gewonnen Sinnbild harter bäuerlicher Arbeit, verbunden mit dem Ausdruck innerer Würde. Beide Momente umreißen eindrücklich den existentiellen Rahmen, den sich Jacob Alberts in den ersten Jahrzehnt seiner freien Arbeit als Maler gesetzt hatte. Dabei unterschied er offenbar zwischen dem intimeren, eher privaten Medium der Zeichnung und den ausgeführten Gemälden, die Menschen nicht isoliert, sondern stets in ihrer eigenen Lebenswelt erfaßten.

Daß Alberts als ein hervorragender Zeichner galt, belegen nicht nur seine Tätigkeit an der Berliner Zeichen- und Malschule, sondern vor allem auch die Porträts seiner Künstlerkollegen und führenden Secessionsmitglieder Max Liebermann und Walter Leistikow (Abb. S. 86) und S. 88)), in denen er selbstbewußt beeindruckende Proben seines Könnens ablieferte.

Mit Bildern und Plastiken aus dem Berliner Antikenmuseum (Abb. S. 46f.) näherte sich Alberts, zumindest punktuell, dem intellektuellen Großstadtmilieu. Das Figurenbild, das um die Jahrhundertwende, etwa bei Liebermann im Motto der badenden Knaben, eine tragende Rolle spielte, wurde durch das ungewohnte, depotartige Arrangement konterkariert. - Klassisches Bildungsgut, mehr noch die klassisch-idealistische Ästhetik, büßte, angesichts einer naturalistisch-sachlichen Beobachtung, ihre bis in das 19. Jahrhundert hinein letztlich unbestrittene, normensetzende Gültigkeit ein.

Das Thema der Landschaft spielte im Schaffen von Jacob Alberts seit der Jahrhundertwende einen zentralen künstlerischen Part. Dies gilt jedoch weniger für die auf seinen zahlreichen Reisen entstandenen Arbeiten als für die Landschaften der nordfriesischen Marsch sowie ihrer Inseln und Halligen. Wie keines der von Alberts gestalteten Motive forderte die flache Landschaft der Küste eine Konzentration auf die Bedingungen von Malerei als solche, da es in den Bildern fast gänzlich an blickbindend abwechslungsreicher, rhythmisierender Vielfalt fehlte. Kein Maler hatte vor Alberts die Küstenlandschaft in solch apodiktisch vorgetragener Unmittelbarkeit wiedergegeben. Bilder wie die "Küstenheide auf Föhr. Am Südstrand" von 1911 oder der undatierte "Blick zum Kreuzhof" ((Abb. S. 38 und S. 52) beeindrucken durch die Strenge ihrer Anlage. Der einfache Landschaftsprospekt zeigt in der "Küstenheide" lediglich eine durch die (verdeckte) Abbruchkante der Küste am Horizont leicht bewegte Heidefläche, dahinter das Meer und den Himmel. Im zweiten Beispiel befindet sich im Zentrum des Bildes ein baumbesetztes Gehöft, das zu einer schemenhaften Fläche aufgelöst wurde. Dahinter deuten weitere vereinzelte Häuser eine schier endlose Weite an. Wie in allen Landschaftsbildern von Alberts gibt es weder Figuren noch weidende Tiere. Nur selten sieht man einen abgestellten Wagen oder ein vereinzeltes Gatter, die immerhin auf eine indirekte Anwesenheit von Menschen in dieser Landschaft schließen lassen (Abb. S. 39 und S. 41). Statt dessen kam es Alberts ausschließlich auf die Gestaltung landschaftlicher Gegebenheiten an. Fragen nach unmittelbarer, differenzierter Abbildlichkeit verloren an Gewicht. Die Landschaftsbilder stehen somit in einem auffallenden Gegensatz zu den figürlichen Genrebildern, wenngleich sie deren 'konstruierte' bildnerische Anlage übernehmen. Entschiedener noch als etwa in der Motivgruppe der "Vierländer Dielen" distanzierte sich Alberts vom emotionalen Gehalt des Abbildlichen zugunsten der Erfahrung des - entgrenzten - Raumes, einer frei gestalteten Fläche und eines häufig auf der reinen Farbe aufbauenden Kolorismus. Die linear-strukturierende Begrenzung der Horizontlinie beispielsweise gewann in dieser bildnerischen Konstellation, über alle Zeichenhaftigkeit hinaus, konstitutive Bedeutung. Das unmittelbare Erlebnis der freien Natur, des atmosphärischen Gesamteindrucks wie eine direkte Umsetzung der vorgefundenen farblichen Konstellationen war dabei ebenso ausschlaggebend wie etwa der Vorgang des Malens selbst. Alberts transformierte den Naturalismus seiner frühen Bilder auf eine neue, weit abstraktere Ebene, in der Raum, Fläche und Farbe ein gestalterischer Abso-

Porträt Albert Johannsen, 1911. Bleistift auf Papier, 21 x 18,3 cm. Nordfriesisches Museum Husum

lutheitsanspruch zugestanden wurde. Naturerlebnis und bildnerische Umsetzung wurden letztlich in annähernde Deckungsgleichheit überführt. Aufgrund der beeindruckenden Einfachheit des Landschaftsprospektes wurde die nordfriesische Küstenlandschaft zu einer Art von komplexem Projektionsfeld, das freilich eine unabdingbare Hingabe an die Natur voraussetzte. Im Sinne Max Liebermanns gestaltete auch Alberts Natur zuvorderst nicht als ein Phänomen des Abbildlichen, sondern arbeitete vielmehr in bewußter Parallele zur Natur.

Dieser Gestaltungsprozeß ist in zahlreichen seiner Bilder unmittelbar ablesbar. Das immer wieder von Alberts gestaltete Motiv der "Blühenden Hallig" (Abb. S. 40f.) etwa bietet in seiner bestechenden Einfachheit kaum noch unmittelbare abbildliche Anhaltspunkte. Die Wiedergabe der optisch intensiven Landschaft erscheint statt dessen primär als ein farblich-materielles Ereignis. Der Gebrauch des Spachtels, mit dem die pastose Farbe als Materie auf die Bildfläche aufgetragen wird, machte diesen, parallel zur Natur verlaufenden, bildnerischen Prozeß sinnfällig.

Angesichts der Entschiedenheit seiner künstlerischen Position nahm Alberts in diesem Punkt um 1900 in der Berliner Secession eine singuläre Position ein, die sich vom Symbolismus und seiner ikonographisch-psychologischen Gemengelage absetzte. Straffheit in der Anlage der Flächenpläne und eine unsentimentale, unromantische Haltung erzeugten eine modernistische Haltung, die ebenso unmystisch anmutet wie sie die Wirkung des Monumentalen, Mitreißenden, auch eine mögliche transzendent-religiöse Einbindung von vornherein ausschloß. Auch in dieser Hinsicht stand Alberts in der Tradition Wilhelm Leibls, der sich kritisch, mitunter abfällig, über die Vorstellung eines seelischen Gehaltes in der Malerei äußerte. Die in den Bildern von Jacob Alberts immer wieder zu beobachtende Härte einer Abbruchkante in den Küstenbildern der Halligen, die Wiedergabe der für den Bestand der Inseln kritischen Zonen, erzeugt auch in der Komposition des Bildes keine, sich im Sinne des Jugendstils verselbständigende, geistig-seelische Dimension. Ihre Existenz ist gänzlich unabhängig von den Sehgewohnheiten des Betrachters. Natur erzeugt einen autonomen Zusammenhang, erscheint zugleich als das Andere, Fremde, potentiell auch als eine dem Menschen überlegene Dimension, der er sich nachgeordnet und ausgeliefert fühlen muß.

Dieser existentiell-natürlichen Konstellation setzte sich Jacab Alberts vor Ort immer wieder aus. Keine irgendwie vermittelnden, interessanten formalen oder optische Reize sind in der Lage, zwischen der Wahrnehmung der Landschaft und dem Maler bzw. dem Betrachter zu vermitteln. Landschaft erscheint daher primär als eine im Sinne reiner Malerei zu bewältigende Aufgabe. Die Küstenbilder eröffneten zugleich die Möglichkeit einer Überwindung gängiger kompositorischer Muster. Was statt dessen zählte, war die ungefilterte Erfahrung als solche. Diese war in der deutschen Kunst um 1900 in der von Jacob Alberts vorgetragenen Konsequenz durchaus neu und einzigartig. Er erreichte dies durch motivische Beschränkung.

Bedauerlicherweise wurde diese Leistung bisher in der Rezeption der Kunst der Jahrhundertwende nicht ausreichend gewürdigt. Mehr noch. Die Malerei von Jacob Alberts, obwohl damals von Künstlerkollegen wie von der Kunstkritik teils außerordentlich geschätzt, fand bisher in der kunsthistorischen Literatur zumeist überhaupt keine oder allenfalls eine eher beiläufige, zumeist jedoch wenig kritische Würdigung.

Neben der landschaftlichen Motivik Nordfriesland erschloß sich Jacob Alberts durch seinem Umzug nach Hamburg am Vorabend des Ersten Weltkrieges in Vierlanden und später, in den zwanziger und dreißiger Jahren, in Holstein, neue Motivkreise. Das schöne Bild "Kate in Vierlanden" (Abb. S. 49) beispielsweise zeigt ein mit blühenden Bäumen umgebenes Haus. Ein flirrendes Licht bestimmt die Szenerie, gibt den Bäumen mehr oder weniger das Aussehen einer amorphen Farbmasse, die zudem den formalen Abbildungsgehalt des Hauses verunklärt.

Das sich in der Sammlung des Nordfriesischen Museums befindende Landschaftsbild "Bäume am Teich" (Abb. S. 56) erreichte in dieser Hinsicht einen gewissen Endpunkt. Eine mächtige Baumgruppe überragt das Ufer des holsteinischen Ukleisees, spart einen schmalen Himmelsstreifen aus und spiegelt sich dabei im Wasser. Nach Verzicht auf eine detaillierte Schilderung setzte Alberts in diesem Bild vor allem verschiedene Farbkonsistenzen gegeneinander. Von offenbarem Belang war die summarische Konfrontation unterschiedlicher Farbkonsistenzen und Oberflächenstrukturen. Alberts gestaltete die pastos und naß in naß aufgetragene Farbe als einen, im Resultat letztlich offenen Prozeß, der jedoch in seiner lichtdurchwirkten Form als solche an die Wirklichkeit gebunden bleibt. Subjektivität, innere Erregung und deren visueller Auslöser, das die Farbe sichtbar machende Licht, vereinen sich als unveräußerliche Momente des Realen.

Bruder Otto, 1888. Öl auf Leinwand, 69 x 53 cm. Privatbesitz

Porträt Bauer Hinrichs, Westerhever, 1881. Kohle, weiß gehöht, auf Papier, 58,5 x 50 cm (oval).
Nordfriesisches Museum Husum

Bayerische Bäuerin, 1885. Öl auf Leinwand, 40 x 30 cm. Privatbesitz

Bayerischer Bauer, 1885. Öl auf Leinwand, 40 x 30 cm. Privatbesitz

Ungarischer Hirte I, 1885. Öl auf Leinwand, 40 x 28 cm. Privatbesitz

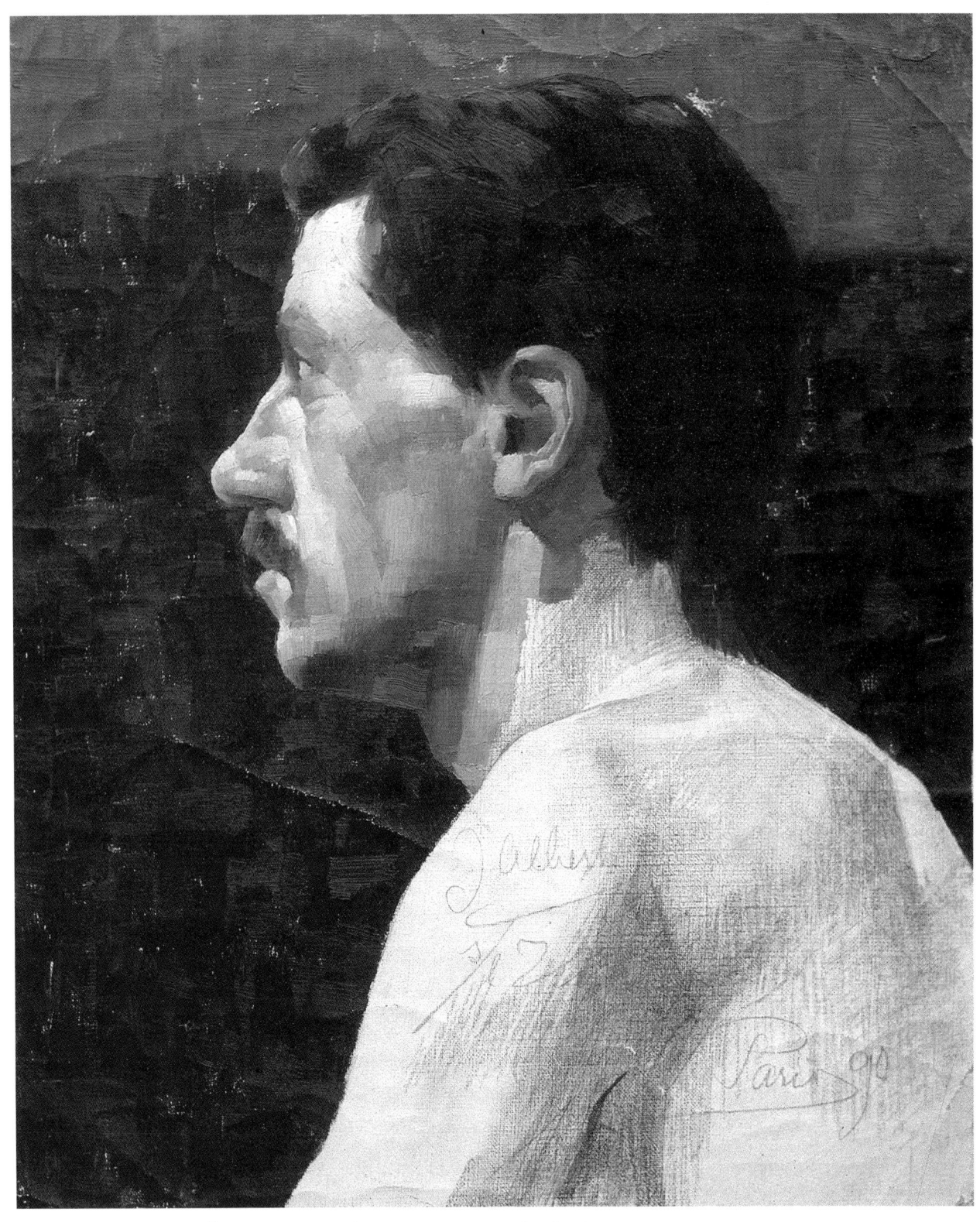

Modellstudie, 1890. Öl auf Leinwand, 45,5 x 37 cm. Privatbesitz

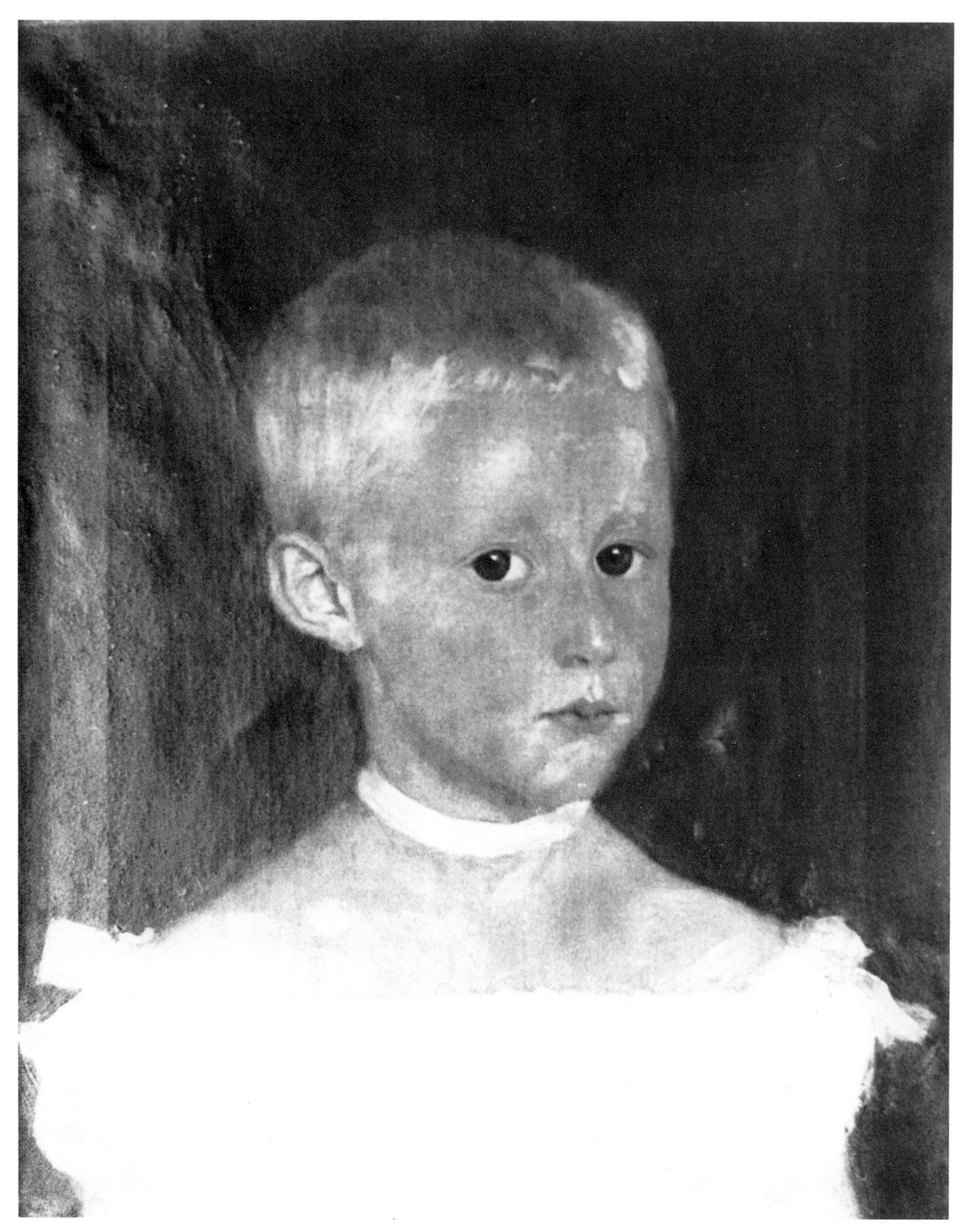

Kinderporträt Anna von Ahnen, 1882. Öl auf Leinwand, 44 x 35 cm. Privatbesitz

Auf der Kirchwarft, o.J. Öl auf Holz, 14 x 23 cm. Privatbesitz

Predigt auf Gröde, 1892. Öl auf Leinwand. Ehemals Kaiser-Friedrich-Museum Magdeburg; 1945 verbrannt

Königspesel auf Hallig Hooge, 1893. Öl auf Leinwand, 84 × 99 cm. Schleswig-Holsteinisches Landesmuseum Schloß Gottorf, Schleswig

Weiblicher Studienkopf. Stienken Lene, 1897. Kreide, weiß gehöht, auf Papier, 40,3 x 29,6 cm.
Nationalgalerie Berlin

Männlicher Studienkopf. Alter Fischer. Johann Friedrich Ostermann, 1897. Kreide, weiß gehöht, auf Papier, 40,3 x 29,6 cm. Nationalgalerie Berlin

Andreas Ostermann, 1894. Kohle, weiß gehöht, 42,5 x 30 cm. Privatbesitz

Porträt Dr. Kirschstein, o.J. Kreide auf Papier, 41 x 31 cm. Privatbesitz

Alte Friesin von Hallig Hooge, o.J. Öl Rötel, 42,5 x 30 cm. Nordfriesisches Museum Husum

Die alte Wiebke, 1893. Kohle, weiß gehöht, auf Papier, 43 x 23 cm.
Privatbesitz

Diele in Vierlanden, o.J. Öl auf Leinwand, 83 x 102 cm. Privatbesitz

Diele aus Vierlanden, 1897. Öl auf Leinwand, 69 x 100 cm. Kaiser-Wilhelm-Museum Krefeld

Wanderdünen auf Sylt, 1898. Öl auf Leinwand, 92 x 156 cm, Kunsthalle zu Kiel

Bockmühle, o.J. Lithographie, 61 x 75 cm. Nordfriesisches Museum Husum

Porträt Max Liebermann, um 1899. Kohle, weiß gehöht, 40 x 30 cm. Schleswig-Holsteinisches Landesmuseum Schloß Gottorf, Schleswig

Junger Mann, o.J. Rötel, 50,5 x 32,5 cm. Nordfriesisches Museum Husum

Porträt Walter Leistikow, um 1900. Kreide, 31 x 48,2 cm. Schleswig-Holsteinisches Landesmuseum Schloß Gottorf, Schleswig

Porträt Max Detlef K., 1910. Kohle, weiß gehöht. Privatbesitz

Blühende Hallig, um 1903. Öl auf Leinwand, 72,5 x 104,5 cm. Museumsberg Flensburg

Am Eutiner See, o.J. Öl auf Leinwand, 99 x 125 cm. Privatbesitz

Blühende Rosen auf der Hallig, 1905. Öl auf Pappe, 65 x 88 cm. Privatbesitz

Interieur in Schloß Breitenburg, o.J. Öl auf Leinwand, 78,5 x 101 cm. Nordfriesisches Museum Husum

Wogemannsburg Westerhever, o.J. Öl auf Leinwand, 65 x 77 cm. Privatbesitz

Kirche in Westerhever, o.J. Öl auf Leinwand, 100 × 110 cm. Nordfriesisches Museum Husum

Hans-Jürgen Krähe
Biographie Jacob Alberts

1860 Am 30. Juni in Westerhever, Eiderstedt, geboren als viertes Kind des Landwirts Peter Alberts und seiner Frau Frauke Catharina, geb. Eggers. Getauft am 22. 7. als Jacob Eggers Alberts. Später Schüler der Dorfschule in Westerhever.

1872-1878 Schüler der Domschule in Schleswig. Abschluß mit dem "Einjährigen". Kaufmännische Ausbildung bei Verwandten in Altona. Wegen einer Halskrankheit Rückkehr in sein Elternhaus.

1880 Am 5. April als Student an der Düsseldorfer Kunstakademie eingeschrieben. Elementarklasse Prof. Andreas Müller; Antikenklasse Prof. Peter Janssen.

1882 Am 16. Oktober als Student der Münchener Kunstakademie eingeschrieben. Klasse Prof. Wilhelm Diez.

1883-1884 Militärzeit als "Einjähriger" in München.

1885 Reise mit Studienfreunden nach Ungarn.

1886 Sommersemester an der Kunstakadmie Florenz. Klasse Prof. Francesco Vinea. Reise nach London, Porträtaufträge. Im Herbst nach Paris. Student der Académie Julian bis Frühjahr 1890.

1889 Teilnahme an der Internationalen Kunstausstellung auf der Weltausstellung in Paris.

1890 Teilnahme am "Salon" in Paris. Sommer: Erster Aufenthalt auf Hallig Oland. Herbst: Übersiedlung nach Berlin.

1891 Sommer: Aufenthalt auf Hallig Oland.

1892 Mitbegründer der Künstlergruppe "Elf" ("XI") in Berlin am 5. Februar. 3. April: Eröffnung der ersten Ausstellung der Gruppe der "XI" in Schultes Kunst-Salon, Berlin. Teilnahme an allen Ausstellungen der "XI" bis 1899.

1893 Mitglied im "Schleswig-Holstein-Abend" in Berlin bis 1895.

1894 Lehrer an der "Zeichen- und Malschule des Vereins der Künstlerinnen und Kunstfreundinnen" in Berlin bis (1898).

1896 Paula Becker (-Modersohn) belegt Kurse im Kopfzeichnen bei Alberts. Am 6. Februar Besuch der Kaiserin Auguste-Viktoria in Alberts' Atelier.

1897 Aufenthalt in Vierlanden, wiederholt in späteren Jahren. Im Herbst auf Sylt.

Jacob Alberts als Student

1898 Am 2. Mai Mitbegründer der Berliner Secession. Mitglied bis 1912. Sommer: Reise mit der "Auguste-Viktoria" nach Norwegen, zum Nordkap und nach Spitzbergen. Herbst 1898, 1899 und 1901 Aufenthalt in Ungarn als Gast des österreichisch-ungarischen Botschafters in Berlin v. Szögenyi-Marich.

1901 Frühjahr: Reise nach Holland.

1904 Frühjahr: Reise nach Sizilien.

1906 Frühjahr: Aufenthalt in Griechenland.

1908 Frühjahr: Scilly Islands, England. Mai: Ernennung zum Professor.

1910 Jacob-Alberts-Ausstellung zum 50. Geburtstag in Flensburg (124 Werke).

1911 Frühjahr: Aufenthalt auf Teneriffa. Am 9. November Heirat mit Margarete Paulsen, Tochter Prof. Friedrich Paulsens, Berlin. Einzug in das von Alberts erbaute Haus am Südstrand auf Föhr. Scheidung nach kurzer Zeit.

1913 Frühjahr: Aufenthalt in Südalgier. Übersiedlung nach Hamburg, Oberaltenallee 9, bis 1932.

1914 Reise nach Ahlden, Kreis Fallingbostel.

1915 Frühjahr: Reise in die Schweiz an den Luganer See.

1916 Reise nach Holland.

1922 und 1923 Aufenthalt auf Schloß Breitenburg bei Itzehoe als Gast des Grafen Rantzau.

1923 und in den folgenden Jahren bis 1929 auf Waterneverstorf, Kreis Plön, als Gast des Grafen Waldersee.

1924 Frühjahr: Aufenthalt auf Teneriffa. Im Sommer wie in den folgenden Jahren: Aufenthalt auf Hallig Süderoog. Herbst: Aufenthalt auf Schloß Heiligenberg bei Jugenheim a.d. Bergstraße. Reise nach Madrid.

1926 Frühjahr: Aufenthalt auf Teneriffa. Reise nach Zoppot bei Danzig.

1928 Winter und Frühjahr: Aufenthalt auf Madeira. November-Dezember und Januar 1929: Reise nach Ägypten.

1929 Reise nach Paris. Kur in Bad Gastein. Reise in die Schweiz.

1930 Winter und Frühjahr: Aufenthalt auf Gran Canaria, ebenso 1932 und 1933. Aufenthalt auf Schloß Breitenburg bei Itzehoe, ebenso 1931 und 1934.

1931 Reise in die Schweiz. Kur in Baden-Baden. Am 7. September Verleihung der Ehrenbürgerrechte der Stadt Tönning.

1932 Kauf eine Hauses in Malente-Gremsmühlen, Lütjenburgerstr. 87.

1933 Sommer: Aufenthalt auf Norderney.

1934 Winter und Frühling: Aufenthalt auf Madeira. Aufenthalt in Baden-Baden. Aufenthalt in Ording und Büsum.

1935 Aufenthalt am Lago Maggiore.

1936 Sommer: Aufenthalt auf Hallig Süderoog.

1937 Winter und Frühling: Aufenthalt auf Gran Canaria.

1938 Herbst und Winter: Aufenthalt auf Teneriffa.

1940 Verleihung der Goethe-Medaille für Kunst und Wissenschaft aus Anlaß des 80. Geburtstages. Nachträgliche Einwände des Kreisleiters von Eutin und des Gauleiters von

Jacob Alberts, um 1930

Schleswig-Holstein führen zum Verzicht auf die Goethe-Medaille, der aber nach Absprache nicht in der Presse veröffentlicht wird.

1941 Am 7. November stirbt Jacob Alberts in einem Lübecker Krankenhaus. Am 23. November Beisetzung der Urne auf dem Friedhof in Westerhever.

Ausstellungsverzeichnis Jocob Alberts

1889 Kunstausstellung auf der Weltausstellung in Paris.

1890 Pariser "Salon de 1890".

1892 April: 1. Ausstellung der "XI" in Schultes Kunst-Salon in Berlin. Sommer: Internationale Kunstausstellung im Münchener Glaspalast.

1893 März: 2. Ausstellung der "XI" in Schultes Kunst-Salon in Berlin. Deutsche Kunstausstellung auf der Weltausstellung in Chicago.

1894 Februar/März: 3. Ausstellung der "XI" in Schultes Kunst-Salon in Berlin. Mai-September: Große Berliner Kunstausstellung. Herbst: Kunstgewerbliche Ausstellung in Husum. Dezember: Jacob-Alberts-Ausstellung in der Kieler Kunsthalle. ("Königspesel auf Hallig Hooge" für das Thaulow-Museum in Kiel angekauft).

1895 Februar: 4. Ausstellung der "XI" in Schultes Kunst-Salon in Berlin. Mai-September: Große Berliner Kunstausstellung. Sommer: Münchener Jahresausstellung im Glaspalast.

1896 Februar: 5. Ausstellung der "XI" in Schultes Kunst-Salon in Berlin. Mai-September: Internationale Kunstausstellung in Berlin. Münchener Jahresausstellung im Glaspalast. Ausstellung schleswig-holsteinischer Künstler in der Kieler Kunsthalle. Herbst: Jacob-Alberts-Ausstellung im Kolosseum in Flensburg.

1897 Februar: 6. Ausstellung der "XI" in Schultes Kunst-Salon in Berlin. Kunstausstellung im Kaiser-Wilhelm-Museum in Krefeld. Mai-September: Große Berliner Kunstausstellung. Internationale Kunstausstellung im Münchener Glaspalast.

1898 Januar: Ausstellung im Kunstverein Darmstadt. Januar, Februar, März, April: Ausstellungen der Schleswig-Holsteinische Kunstgenossenschaft in Kiel, Schleswig, Flensburg, Husum und Heide. Frühjahr: 7. Ausstellung der "XI" in Schultes Kunst-Salon in Berlin. April-Oktober: Große Berliner Kunstausstellung.

1899 1. Ausstellung der Berliner Secession. Februar: 8. Ausstellung der "XI" bei Keller & Reiner in Berlin. Jacob-Alberts-Ausstellung im Kaiser-Friedrich-Museum in Magdeburg (Ankauf der "Predigt auf Hallig Gröde" für das Museum). November: Ausstellung der Schleswig-Holsteinischen Kunstgenossenschaft in der Kieler Kunsthalle. Dezember: Jacob-Alberts-Ausstellung im Kaiser-Wilhelm-Museum in Krefeld (Ankauf des Bildes "Aus Vierlanden" für das Museum).

1900 2. Ausstellung der Berliner Secession. Im Januar Ausstellung der Schleswig-Holsteinischen Kunstgenossenschaft im Rathaussaal in Schleswig, im Februar im Bahnhofshotel in Husum.

1901 3. Ausstellung der Berliner Secession. 4. Ausstellung der Berliner Secession - Zeichnende Künste. Frühjahr: Maler der "XI" bei Keller & Reiner, Berlin. Internationale Kunstausstellung in Dresden. Sommer: Schleswig'sche Kunstausstellung in Flensburg.

1902 5. Ausstellung der Berliner Secession. 6. Ausstellung der Berliner Secession - Zeichnende Künste. 1. Ausstellung der "Künstlervereinigung für Originallithographie" in Berlin. Februar: Jacob-Alberts-Ausstellung in Frankfurt a.M. (Ankauf der "Beichte auf Oland" für die Galerie Flersheim, Frankfurt). Jahresausstellung im Münchener Glaspalast. Deutschnationale Kunstausstellung in Düsseldorf. Ausstellung im Künstlerhaus in Berlin.

1903 7. Ausstellung der Berliner Secession. Jahresausstellung im Münchener Glaspalast. Ausstellung im Museumsverein in Elberfeld. Juli: Nordfriesische Kunstausstellung im Bahnhofshotel in Husum, danach in Kiel. Jacob-Alberts-Ausstellung im Kunstverein Frankfurt a.M. Jacob-Alberts-Ausstellung in Cassirers Kunstsalon in Hamburg.

1904 9. Ausstellung der Berliner Secession. Februar-April: Deutsche Kunstausstellung Bremen. Mai-Oktober: Internationale Kunstausstellung Düsseldorf. Jahresausstellung im Münchener Glaspalast. Herbst: Jacob-Alberts-Ausstellung im Leipziger Kunstverein. Herbst: Jacob-Alberts-Ausstellung im Altonaer Museum. Ausstellung in Cassirers Kunstsalon in Berlin.

1905 2. Künstlerbund-Ausstellung in Berlin. Internationale Kunstausstellung im Münchener Glaspalast. Frühjahr: Ausstellung im Kunstverein Frankfurt a.M. Nordwestdeutsche Kunstausstellung in Oldenburg i.O. Herbst: Ausstellung niederdeutscher Künstler in Schultes Kunstsalon in Berlin. Herbst: Jacob-Alberts-Ausstellung in Kiel.

1906 11. Ausstellung der Berliner Secession. Ausstellung im Kaiser-Friedrich-Museum in Krefeld. Jahresausstellung im Münchener Glaspalast. 1. Juli-1.September: Nordfriesische Kunstausstellung aus Anlaß des 200jährigen Stadtjubiläums in Wyk auf Föhr.

1907 13. Ausstellung der Berliner Secession. Jahresausstellung im Münchener Glaspalast. Frühjahr: Ausstellung in der Galerie Hermes in Frankfurt a. M.

1908 15. Ausstellung der Berliner Secession. Große Kunstausstellung in Dresden. Februar: Ausstellung im Kölner Kunstverein. Herbst: Jacob-Alberts-Ausstellung in der Kieler Kunsthalle ("Wanderdünen auf Sylt" für die Kieler Kunsthalle angekauft).

1909 18. Ausstellung der Berliner Secession. März: Ausstellung in der Galerie Miethke in Wien.

1910 Jacob-Alberts-Ausstellung zum 50. Geburtstag im Kunstgewerbemuseum in Flensburg, 30.6. - 4.9.

1913 Deutsche Kunstausstellung in Kassel.

1914 Große Berliner Kunstausstellung. Schleswig-Holsteinische Kunst auf der Gartenbau-Ausstellung in Altona.

1916 Ausstellung der Berliner Secession. Ausstellung im Kunstsalon Rabl in Berlin.

1917 Jacob-Alberts-Ausstellung in der Galerie Commeter in Hamburg.

1918 Ausstellung im Kunstverein in Mannheim.

1919 Jubiläums-Ausstellung der Schleswig-Holsteinischen Kunstgenossenschaft in Kiel.

1920 Jacob-Alberts-Ausstellung zum 60. Geburtstag im Künstlerhaus in Berlin. Jacob-Alberts-Ausstellung zum 60. Geburtstag in der Galerie Commeter in Hamburg.

1922 Nordfriesische Kunstausstellung im Schloß vor Husum.

1923 Jacob-Alberts-Ausstellung während der Kieler Herbstwoche für Kunst und Wissenschaft in der Kieler Kunsthalle.

1926 Große Herbst-Ausstellung Schleswig-Holsteinischer Künstler in der Kieler Kunsthalle.

1927 Jacob-Alberts-Ausstellung beim Eiderstedter Heimatfest in Garding.

1928 Jubiläumsausstellung zum 25jährigen Gedenktag der Eröffnung des Museumsgebäudes im Kunstgewerbemuseum der Stadt Flensburg.

1935 Ausstellung im Museum in Emden.

1938 Frühjahr: Ausstellung "Das nordfriesische Gesicht" im Nordfriesischen Museum in Husum. Sommer: Jacob-Alberts-Ausstellung im Nordfriesischen Museum in Husum ("Beichte auf Hallig Oland" für das Nordfriesische Museum erworben).

1960 November: Jacob-Alberts-Ausstellung zum 100. Geburtstag im Städtischen Museum in Flensburg.

1961 Januar: Jacob-Alberts-Ausstellung zum 100. Geburtstag im Nordfriesischen Museum in Husum.

1972 14.7. - 3.9.: Schleswigsche Malerei, im Städtischen Museum in Flensburg.

1973 12.9. - 21.10.: Volkslebenbilder aus Norddeutschland, im Altonaer Museum.

1981 und 1982 Sommer: Jacob Alberts-Ausstellung in Kirche Welt/Eiderstedt.

1983 November-Februar 1984: Künstlerinsel Sylt, im Schleswig-Holsteinischen Landesmuseum in Schleswig.

1984 Nordfriesland in den Bildern heimischer Maler, in Kirche Welt/Eiderstedt.

1988 Juni-Oktober: Die Landschaft Theodor Storms, im Schleswig-Holsteinischen Landesmuseum, Kloster Cismar.

1993 Das Licht des Nordens, im Altonaer Museum.

Literaturverzeichnis

Bücher und Aufsätze:

Das Atelier, Organ für Kunst und Kunstgewerbe, Berlin, Heft 34, 1891/92, S. 11.
Kunstchronik, N.F., Leipzig, 1892, Sp. 359ff. A.R. (=Alfred Rosenberg): Die Vereinigung der "Elf".
Kunst für Alle, VII.Jg., 1892, Heft 19, S. 298. J.S. (=Jarro Springer: über die XI).
Das Atelier, Organ für Kunst und Kunstgewerbe, Berlin, Heft 36, 1892, S. 3ff. Max Schmidt, Die Ausstellung der Elf.
Kunst für Alle, 15.4.1893, S. 217. Dr. Relling, Die Ausstellung der "XI".
Reinhard Kekulé, Jacob Alberts. In: Die Graphischen Künste, XVII, Leipzig 1894, S. 108ff, Abb. - Sonderabdruck in 50 Exemplaren, Gesellschaft für vervielfältigende Kunst, Wien, 1895.
Kunst für Alle, IX. Jg., 1894, Heft 13, S. 199ff. Dr. Relling: Die Ausstellung der "XI".
Kunst für Alle, X. Jg., 1895, Heft 12, S. 204f. J.S. (=Jarro Springer. Über die XI).
Kunst für Alle, XI. Jg., 1896, Heft 14, S. 211ff. Jarro Springer: Die Ausstellung der "XI".
PAN, 2. Jg. 1896, 1. Heft, S. 49ff., Abb. Richard Graul: Die XI.
Schleswig-Holstein in Wort und Bild. Hrsg. von Hippolyt Haas u.a. Frankfurt, 1896.
Leipziger Illustrierte Zeitung, 22.4.1897. "Von den Halligen. Drei Gemälde von Jacob Alberts". Abb.
Berliner Architekturwelt, Zeitschrift für Baukunst, Malerei, Plastik und Kunstgewerbe der Gegenwart, II. Jg., Berlin 1900, S. 23ff.
Kunst für Alle, XVI, Jg. 3. Bd., S. 318 (Über einige "Elfer").
Berliner Leben, Heft VII, 5. Jg., 1902. Friedrich Fuchs: Jacob Alberts. Abb.
Über Land und Meer, 88. Bd., 44. Jg., 1902. A.R.: Die Halligen der Nordsee. Mit sieben Abbildungen nach Gemälden von J. Alberts.
Westermanns Monatshefte, 47. Jg., Nr. 10, Juli 1903, S. 455ff. Friedrich Fuchs: Jakob Alberts, der Maler der Halligen. Abb.
Zeitschrift für Bildende Kunst, N.F., 15. Jg., 1904, S. 201ff. Robert Breuer: Jacob Alberts. Abb.
The Magazine of Art, 1904, S. 74ff. Abb.
Der Tag, Berlin, 20.12.1904. Wilhelm Poeck: Die Halligen und ihr Maler. Abb.
Niedersachsen, 9. Jg. 1904, Nr. 16, S. 255f. Robert Breuer: Jacob Alberts. Abb.
Kunst und Künstler, IV. Jg., 1905-06, S. 131ff. Niederdeutsche Künstler. Abb.
Allgemeines Lexikon der Bildenden Künstler, begr. v. U. Thieme u. F. Becker, Bd. 1, Leipzig 1907, S. 232.
Westermanns Monatshefte, 53. Jg., Okt. - Dez. 1908, S. 95ff. Robert Breuer: Jacob Alberts. Abb.
Die Heimat, XIV. Jg., Kiel 1909. Robert Breuer: Jacob Alberts, Blühende Hallig.
Der Tag, Nr. 158, Berlin, 9.7.1910. Alfred Kerr: Jacob Alberts in Flensburg.
Flensburger Nachrichten, 10.7., 24.7., 7.8.1910. Jacob-Alberts-Ausstellung, Flensburg.
Schleswig-Holsteinischer Kunstkalender 1911. Momme Nissen: Zur heimischen Malerei.
Hamburger Fremdenblatt, 10. Juli 1914. (Über Jacob Alberts auf der Gartenbauausstellung in Altona 1914).
Unsere meerumschlungene Heimat, hrsg. v. H. Krumm u. F. Stoltenberg. Kiel, 1914. Gustav Frenssen, Jacob Alberts. Ein deutscher Maler. Berlin 1920.
E. A. Seemanns Künstlermappen. Jacob Alberts, Leipzig 1920.
Alfred Kerr, Verweile doch! Die Welt im Licht. Berlin 1920, S. 19ff. Der Maler in Flensburg (= Jacob Alberts).
Theodor Volbehr, Bildbetrachtung, Langensalza 1924, 2. Aufl., S. 19ff. Jakob Alberts, Die Halligenpredigt.
Dresslers Kunsthandbuch, Berlin, 1930.
Kieler Neueste Nachrichten, 30.6.1935. Der Entdecker der Halligen Schönheiten. Zum 75. Geburtstag des Malers Jacob Alberts.
Thedor Riewerts, Jacob Alberts zum 80. Geburtstag. In: Nordelbingen, Bd. 16, Heide 1940, S. 272.
Schleswig-Holsteinisches Jahrbuch 1942/43. Lilli Martius, Unseren Künstlern zum Gedächtnis, 1933-1942. S. 98ff.: Jacob Alberts.
Der Schleswig-Holsteiner, 23. Jg., 1942, Heft 11/12. Theodor Riewerts, Hans Peter Feddersen und Jacob Alberts.
Allgemeines Lexikon der Bildenden Künstler des 20 Jahrhunderts, hrsg. v. Hans Vollmer, Leipzig 1953, Bd. 1, S. 23: Alberts, Jacob.
Lilli Martius, Die schleswig-holsteinische Malerei im 19. Jahrhundert, Neumünster 1956.
Schleswig-Holsteinischer Kunstkalender, 23. Jg., Rendsburg, 1961, S. 32ff. Ellen Redlefsen, Jacob Alberts.
Dictionnaire critique et documentaire des peintres, sculpteurs, dessinateurs et graveurs etc., Paris, 1966, S. 8: Alberts, Jacob.
Ernst Schlee, Landschaftsmaler an Schleswig-Holsteins Küsten, Heide, 1975.
Peter Paret, Die Berliner Secession, Berlin, 1980.
Zwischen Eider und Wiedau, Heimatkalender für Nordfriesland, Husum, 1981, S. 147ff. Heinrich Fries und Brar V. Riewerts, Beichte auf der Hallig Oland.
Allgemeines Künstler-Lexikon, Leipzig, 1984, Bd. 1, S. 147: Alberts, Jacob.
Schleswig-Holstein, 9/85, September 1985, S. 14ff. Hans-Jürgen Krähe, Jacob Alberts und die "Beichte auf der Hallig Oland".

Nordfriesland, Nr. 89, März 1990, S. 20ff. Hans-Jürgen Krähe, Erste Schritte einer Malerin. Paula Modersohn-Becker und ihr Lehrer Jacob Alberts.
Mitteilungsblatt der Gesellschaft für Tönninger Stadtgeschichte, Heft 8, März 1989, S. 63ff. Hans-Jürgen Krähe, Der Maler Jacob Alberts.
Lexikon der Düsseldorfer Malerschule, 1996.
Blick über Eiderstedt, Bd. 3, Husum 1991, S. 157ff. Hans-Jürgen Krähe, Jacob Alberts in Eiderstedt.
Zwischen Eider und Wiedau, Heimatkalender für Nordfriesland, Husum, 1997, S. 177ff. Hans-Jürgen Krähe, "Wer mir's angetan hat, das ist Jacob Alberts, der Maler seiner und meiner Heimat." (Jacob Alberts und Friedrich Paulsen).
Ulrich Schulte-Wülwer, Sylt in der Malerei, Heide 1996, S. 98f.
Uwe Haupenthal, Jacob Alberts. Retrospektive. Husumer Nachrichten, 26. 6. 1999.

Kataloge:

Exposition Universelle Internationale de 1889 à Paris.
Catalogue illustré: Salon de 1890, Peinture, Paris.
Internationale Kunstausstellung im Münchener Glaspalast, 1892, 1897, 1905.
Ausstellung der XI, 1893.
Große Berliner Kunstausstellung, 1894, 1895, 1897, 1898, 1914.
Münchener Jahresausstellung, Glaspalast, 1895, 1896, 1902, 1903, 1906, 1907.
Internationale Kunstausstellung Berlin, 1896.
Kunstausstellung im Kaiser-Wilhelm-Museum, Krefeld, 1899.
Berliner Secession, 1899, 1900, 1901, 1901 (Zeichnende Künste), 1902, 1902 (Zeichnende Künste), 1903, 1904, 1906, 1907, 1908, 1909, 1916.
Schleswig-Holsteinische Kunstgenossenschaft, Schleswig, 1900.
Internationale Kunstausstellung, Dresden, 1901.
Schleswig'sche Kunstausstellung, Flensburg, 1901.
1. Ausstellung der "Künstlervereinigung für Originallithographie", Berlin, 1902.
Deutschnationale Kunstausstellung, Düsseldorf, 1902.
Nordfriesische Kunstausstellung, Husum, 1903.
3. Ausstellung bei Paul Cassirer, Berlin, Winter 1904/05.
Ausstellung des Deutschen Künstlerbundes, Berlin, 1905.
Nordwestdeutsche Kunstausstellung, Oldenburg i. O., 1905.
Nordfriesische Kunst-Ausstellung, Wyk auf Föhr, 1906.
Große Kunstausstellung, Dresden, 1908.
Jacob Alberts, Flensburg, 1910.
Deutsche Kunst-Ausstellung, Kassel, 1913.
Jubiläums-Ausstellung der schleswig-holsteinischen Kunstgenossenschaft, Kiel 1919.
Jacob Alberts, Künstlerhaus, Berlin, 1920.
Jacob Alberts, Galerie Commeter, Hamburg, 1920.
Große Herbst-Ausstellung Schleswig-Holsteinischer Künstler, Kiel, 1926.
Jacob Alberts, Garding, 1927.
Jubiläumsausstellung zum 25jährigen Gedenktag der Eröffnung des Museumsgebäudes, Flensburg, 1928.
Jacob Alberts, Husum, 1938.
Landschaftsgalerie im Altonaer Museum, 1970.
Schleswigsche Malerei im Städtischen Museum, Flensburg, 1972.
Volkslebenbilder aus Norddeutschland im Altonaer Museum, 1973.
Jacob Alberts, Kirche Welt/Eiderstedt, 1981.
Jacob Alberts, Kirche Welt/Eiderstedt, 1982.
Nordfriesland in den Bildern heimischer Maler, Kirche Welt/Eiderstedt, 1984.
Die Landschaft Theodor Storms, Schleswig-Holsteinisches Landesmuseum, Kloster Cismar, 1988.
Das Licht des Nordens. Skandinavische und norddeutsche Malerei zwischen 1870 und 1920, Altonaer Museum, 1993.

Hans-Jürgen Krähe

Werkverzeichnis Jacob Alberts

Ölbilder

* Ausstellung im Nordfriesischen Museum Husum

1 *Zigeunerin auf der Treppe*, 1876. Öl auf Leinwand. Privatbesitz

2 *Zigeunerin - Brustbild*, 1876. Öl auf Leinwand, 11 x 7 cm. Privatbesitz

3 *Baumstamm am Ufer*, 1876. Öl auf Leinwand, 27 x 35 cm. Privatbesitz

4 *Hügelige Landschaft*, 1877. Öl auf Leinwand, 27,5 x 37,5 cm. Kunsthandel

5 *See in den Alpen*, 1878. Öl auf Leinwand, 26,5 x 41 cm. Privatbesitz

6 *Rinder auf der Weide*, 1878. Öl auf Leinwand, 36 x 54 cm. Privatbesitz

7 *Abend im Kloster*, 1879. Öl auf Leinwand, 63 x 50 cm. Privatbesitz

8 *Bruder Detlef*, 1881. Öl auf Leinwand, 50 x 38 cm. Privatbesitz

9 *Kinderporträt Anna von Ahnen*, 1882. Öl auf Leinwand, 44 x 35 cm. Privatbesitz

10 *Aktstudie*, 1882. Öl. vgl. Katalog der J.A.-Ausstellung, Flensburg 1910; früherer Besitzer: Dr. Wörpel, Garding

11 **Porträt meines Bruder Peter*, 1883. Öl auf Leinwand, 62 x 47 cm. Privatbesitz

12 *Der Urlauber*, 1883. Öl auf Leinwand, 58 x 52 cm. Privatbesitz

13 *Ruhe auf der Flucht (nach Antonius van Dyck)*, 1883. Öl auf Leinwand, 124 x 108 cm. Kirche in Westerhever (Nordfriesland)

14 *Porträt eines jungen Mannes*, 1883. Öl. vgl. Katalog der J.A.-Ausstellung, Flensburg 1910; frühere Besitzerin: Frau Hofrat von Franqué, München

15 **Porträt der Mutter des Künstlers*, um 1884. Öl auf Leinwand, 64 x 51 cm, Nordfriesisches Museum Husum, Vermächtnis Käthe Delff, Husum

16 *Kinderporträt*, 1884. Öl. vgl. Katalog der J.A.-Ausstellung, Flensburg 1910; frühere Besitzerin: Frau Hofrat von Franqué, München

17 **Bayerischer Bauer*, 1885. Öl auf Leinwand, 40 x 30 cm. Privatbesitz

18 **Bayerische Bäuerin*, 1885. Öl auf Leinwand, 40 x 30 cm. Privatbesitz

19 **Ungarischer Hirte*, 1885. Öl auf Leinwand, 40 x 28 cm. Privatbesitz

20 **Ungarische Ochsen*, 1885. Öl auf Leinwand, 37 x 59 cm. Privatbesitz

21 *Ungarische Studie I (Zigeuner)*, 1885. Öl auf Leinwand. Privatbesitz

22 *Ungarische Studie*, 1885. vgl. Katalog der J.A.-Ausstellung, Flensburg 1910; früherer Besitzer: Graf von Szögvényi, Berlin

23 *Porträt Roß*, um 1885. Öl auf Leinwand, 50 x 67 cm. Privatbesitz

24 *Stall vom Siekhof*, um 1885. Öl auf Leinwand, 32 x 40 cm. Privatbesitz

25 *Hof der Eltern, um 1885. Öl auf Leinwand, 34 x 74 cm. Privatbesitz. *Blick zum Augustenkoog mit Mühle*

26 *Scheune vom Siekhof*, um 1885. Öl auf Leinwand, 66 x 117 cm. Privatbesitz.

27 *Siekhof*, um 1885. Öl auf Leinwand, 35 x 50 cm. Privatbesitz

28 *Studienkopf*, 1885. vgl. Katalog der J.A.-Ausstellung, Flensburg 1910; früherer Besitzer: Prof. Dr. Fahrenberg, Braunschweig

29 *Elternhof und Kirche*, um 1886. Öl auf Leinwand, 50 x 74 cm. Privatbesitz

30 *Hof der Eltern*, um 1885. Öl auf Leinwand, 51 x 62 cm. Privatbesitz

31 *Weißer Flieder*, um 1885. Öl auf Pappe, 51 x 48,5 cm. Privatbesitz

32 *Dorf und Kirche am Morgen*, um 1885. Öl auf Pappe, 36 x 45 cm

33 **Nonne im Klostergarten (Kopie nach Gabriel von Max)*, Öl auf Leinwand. Privatbesitz

34 *Studie eines alten Mannes. Jürgen Blohm*, 1886. Öl auf Leinwand, 35 x 27 cm. Privatbesitz

35 *Schlafende Katze (Studie)*, 1886. Öl auf Leinwand. Privatbesitz

36 **Porträtskizze meiner Mutter*, 1887. Öl auf Leinwand, 43 x 34 cm. Privatbesitz

37 *Im Stall*, 1887. vgl. Katalog der J.A.-Ausstellung, Galerie Commeter, Hamburg 1920

38 *Porträt Christian Petersen*, 1888. Öl auf Leinwand, 41 x 34 cm. Privatbesitz

39 *Bruder Otto, 1888. Öl auf Leinwand, 69 x 53 cm. Privatbesitz

40 *Pätchen. Frauke von Ahnen*, um 1888. Öl auf Leinwand, 48 x 35 cm. Privatbesitz

41 *Stilleben, um 1888. Öl auf Leinwand, 54 x 45 cm. Privatbesitz

42 Alte Spinnerin aus Westerhever, 1888. Öl. vgl. Katalog der J.A.-Ausstellung, Flensburg 1910; früherer Besitzer: Dr. Hoening, Hoboken, New York

43 Kleines Hundebild, o. J. Öl. Privatbesitz

44 Friedhof meiner Heimat, 1889. Öl. vgl. Katalog der J.A.-Ausstellung, Flensburg 1910; früherer Besitzer: C. Bromberg, Hamburg, danach Frieda Busse, Zürich)

45 *Schmied Broders, um 1890, Öl auf Pappe, 46 x 34 cm. Nordfriesisches Museum Husum

46 *Modellstudie, 1890. Öl auf Leinwand, 45,5 x 37 cm. Privatbesitz

47 Studienkopf, 1890. vgl. Katalog der J.A.-Ausstellung, Flensburg 1910; früherer Besitzer: Arthur Pusch, Berlin

48 Christus und die Samariterin. Kompositionsstudie vgl. handschriftlichen Nachlaß Jacob K. Eggers, Alt-Augustenkoog)

49 Entre pavots (Im Mohn), 1890; vgl. Katalog des Salon, Paris 1890

50 *Auf der Kirchenwarft, o.J. Öl auf Holz, 14 x 23 cm. Privatbesitz

51 Schwalben, o.J. Öl auf Leinwand, 23 x 47 cm. Privatbesitz

52 Interieur der Kirche von Oland, 1890. Öl auf Leinwand, 42,5 x 51,5 cm, Schleswig-Holsteinisches Landesmuseum Schloß Gottorf Schleswig

53 Beichte auf Oland (unvollendete erste Fassung), 1890. Öl auf Leinwand, ca. 92 x 87 cm. Privatbesitz

54 Der alte Seemann, 1890. vgl. Katalog der J.A.-Ausstellung Flensburg 1910; früherer besitzer: Prof. Dr. Matthäi, Danzig

55 *Beichte auf Oland, 1891. Öl auf Leinwand, 92 x 87 cm. Nordfriesisches Museum Husum

56 Im Sonnenschein, 1891. vgl. Zeitschrift für Bildende Kunst, N.F., H. 9, 1904; frühere Besitzerin: Frau Direktor Hager, Magdeburg

57 Studie aus der Gröder Kirche, 1891. vgl. Katalog der J.-A.-Ausstellung, Flensburg 1910; früherer Besitzer: Dr. Walther Rathenau, Berlin

58 *Allein, 1892. Öl auf Leinwand, 44,5 x 39 cm. Privatbesitz

59 Predigt auf Hallig Gröde, 1892. Kaiser-Friedrich-Museum Magdeburg; 1945 verbrannt; Abb. in Seemanns Künstlermappen. Jacob Alberts, 1920

60 Hallighaus auf Gröde, 1892. vgl. Katalog der J.A.-Ausstellung, Flensburg 1910; früherer Besitzer: Landrichter Dr. Kirschstein, Kassel

61 *Königspesel auf Hallig Hooge, 1893. Öl auf Leinwand, 84 x 94 cm. Schleswig-Holsteinisches Landesmuseum Schloß Gottorf, Schleswig

62 *Friesin im Sonntagsstaat, 1893. vgl. Katalog der J.A.-Ausstellung, Flensburg 1910; früherer Besitzer: C. Bromberg, Hamburg

63 Interieur von der Hallig, 1893. vgl. Katalog der J.A.-Ausstellung, Flensburg 1910

64 *Halligstube, 1894. Öl auf Leinwand, 71 x 78 cm. Privatbesitz

65 *Grüne Stube (Erste Fassung), 1894. Öl auf Leinwand, 64,5 x 81 cm. Privatbesitz

66 Grüne Stube (Zweite Fassung), 1894. Öl auf Leinwand, 64,5 x 81 cm. Privatbesitz

67 Am Herd, 1894. vgl. Westermanns Monatshefte, Juli 1903; früherer Besitzer: Generalsekretär Ditges, Berlin

68 Die Kapitänswitwe, 1894. vgl. Die Graphischen Künste XVII, 1894

69 Frau am Fenster, 1894. vgl. Katalog der J.A.-Ausstellung, Flensburg 1910; früherer Besitzer: Museumsdirektor Prof. Dr. Vollbehr, Magdeburg

70 Männliches Porträt, 1895. vgl. Katalog der J.A.-Ausstellung, Flensburg 1910

71 *Kaffeegesellschaft, 1895. Öl auf Leinwand, 76,5 x 97,5 cm. Nordfriesisches Museum Husum

72 Blühende Hallig, 1895. vgl. Eiderstedter Nachrichten vom 25.11.1895; Ankauf durch den österreich-ungarischen Botschafter Szögyenyi-Marich

73 Landschaft von Föhr, 1895. vgl. Katalog der J.A.-Ausstellung, Flensburg 1910; frühere Besitzerin: Fräulein Manyö de Szögyényi, Berlin

74 Porträt Hanneduke, 1896. Öl auf Pappe, 45 x 36 cm. Privatbesitz

75 Birken im Frühling, 1896. vgl. Katalog der J.A.-Ausstellung, Flensburg 1910; früherer Besitzer: Baron H. von Plessen, Berlin

76 Dünen auf Sylt. vgl. Katalog der Münchener Jahresausstellung im Glaspalast 1896

77 Diele aus Vierlanden, 1897. Öl auf Leinwand, 69 x 100 cm. Kaiser-Wilhelm-Museum Krefeld

78 Vierländer Diele, o.J. Öl auf Leinwand, 72 x 98 cm. Privatbesitz

79 *Diele in Vierlanden, o.J. Öl auf Leinwand, 83 x 102 cm. Privatbesitz

80 *In Vierlanden, o.J. Öl auf Leinwand, 47 x 57 cm. Privatbesitz

81 Alte Diele aus Vierlanden, o.J. Öl auf Leinwand. Privatbesitz

82 *Diele des Riekhauses*, o.J. Öl auf Leinwand, 67 x 96 cm. Privatbesitz

83 *Diele in Vierlanden*, o.J. Öl auf Leinwand, 71 x 62 cm. Privatbesitz

84 *Diele aus Vierlanden*, o.J. vgl. Seemanns Künstlermappen, Jacob Alberts, Leizig 1920

85 *Alte Diele in Vierlanden*, o.J. vgl. Gustav Frenssen, Jacob Alberts, Berlin 1920

86 *Blühende Hallig im Mai*. vgl. Katalog der 7. Internationalen Kunstausstellung in München 1897

87 *In Gedanken*, 1897. vgl. Katalog der J.A.-Ausstellung, Flensburg 1910; früherer Besitzer: Arthur Pusch, Berlin

88 *Kiefern im Frühling*, 1897. Öl auf Leinwand. Privatbesitz.

89 *Die alte Eiche*, 1897. vgl. Katalog der J.A.-Ausstellung, Flensburg 1910; frühere Besitzerin: Fräulein Deinhardt, Koblenz

90 *Die beiden Alten (Skizzen)*, 1897. vgl. Katalog der J.A.-Ausstellung, Flensburg 1910; früherer Besitzer: Prof. Neißer, Frankfurt a.A.

91 *Landschaft aus Vierlanden*, 1898. vgl. Katalog der J.A.-Ausstellung, Flensburg 1910; früherer Besitzer: Dr. Sulzbach, Frankfurt a.M.

92 *Dünen*. Katalog der Großen Berliner Kunstausstellung 1898

93 *Wanderdünen auf Sylt*, 1898. Öl auf Leinwand, 92 x 156 cm. Kunsthalle zu Kiel

94 *Haus auf Föhr*, 1898. vgl. Katalog der J.A.-Ausstellung, Flensburg 1910; früherer Besitzer: Dr. W. Ahlmann, Kiel

95 *Norwegische Landschaft*, 1898. Öl auf Leinwand, 49 x 68 cm. Privatbesitz

96 *Spitzbergen*, 1898. Öl auf Leinwand, 50 x 69 cm. Privatbesitz

97 *Halligstube*, 1899. Öl auf Leinwand, 61 x 73 cm. Privatbesitz

98 *Abendfriede auf der Hallig*, um 1899. Katalog der Berliner Secession 1900; verkauft nach New York

99 *Vorfrühling*. vgl. Katalog der Berliner Secession, Berlin 1899

100 *Der kleine Ukleisee*, 1899. vgl. Katalog der J.A.-Ausstellung, Flensburg 1910; früherer Besitzer: Ad. Sultan, Grundewald bei Berlin

101 *Blühender Frühling*, um 1900. vgl. Katalog der Berliner Secession, Berlin 1901; früherer Besitzer: Dr. Johannes Guthmann, Berlin

102 *Herbstabend am Krummsee*, 1902. vgl. Katalog der J.A.-Ausstellung, Flensburg 1910; früherer Besitzer: Dr. Andreae, Berlin

103 *Blühende Hallig*. vgl. Katalog der Schleswig-Holsteinischen Kunstgenossenschaft 1900 in Schleswig und Husum

104 *Landschaft aus Kärnten*, 1900. vgl. Katalog der J.A.-Ausstellung, Flensburg 1910; früherer Besitzer: Rechtsanwalt E. Wagner, Stettin

105 *Uferkante*, um 1900. Öl auf Leinwand, 62 x 74,5 cm. Privatbesitz

106 *Dünen im Listland/Sylt*, 1900. Öl auf Leinwand, 68 x 118,5 cm. Nordfriesisches Museum Husum

107 *Dünen auf List*, 1900. Öl. vgl. Katalog der J.A.-Ausstellung, Flensburg 1910; früherer Besitzer: Geheimrat Rathenau, Berlin

108 *Blühende Hallig im Spätsommer*, 1900. vgl. Katalog der J-A.-Ausstellung, Flensburg 1910; früherer Besitzer: Frau Ruperti, Berlin

109 *Alte Mühle auf der Hallig*, 1900. vgl. Katalog der J.A.-Ausstellung, Flensburg 1910; früherer Besitzer: Dr. W. Ahlmann, Kiel

110 *Halligwarf auf Hooge*, 1900. vgl. Katalog der J.A.-Ausstellung, Flensburg 1910; früherer Besitzer: Generalsekretär Ditges, Berlin

111 *Leutestube aus Eiderstedt*, 1900. Öl auf Leinwand. ehemals Stadtmuseum Danzig; vgl. Katalog der J.A.-Ausstellung, Flensburg 1910

112 *Frühling im Walde*, 1900. vgl. Katalog der J.A.-Katalog, Flensburg 1910; früherer Besitzer: Alfred Weinschenk, Frankfurt a.M.

113 *Dünen auf List*, um 1900. Öl auf Leinwand. Privatbesitz

114 *Blühende Felder vor Keitum*, um 1900. Öl auf Leinwand, 51 x 71 cm. Schleswig-Holsteinisches Landesmuseum Schloß Gottorf Schleswig

115 *Meine Heimat*. vgl. Eiderstedter Nachrichten, 12.3.1901

116 *Alte Mühle auf der Hallig*, 1901. vgl. Kataog der J.A.-Ausstellung Flensburg 1910; frühere Besitzerin: Fräulein Manyö de Szögyenyi, Berlin

117 *Blühende Hallig*. vgl. Katalog der Internationalen Kunstausstellung Dresden 1901

118 *Blühende Hallig*. vgl. Katalog der Schleswig'schen Kunstausstellung in Flensburg 1901

119 *Auf der Hallig*. vgl. Katalog der Schleswig'schen Kunstausstellung in Flensburg 1901

120 *Blühende Hallig im Mai*, 1901. vgl. Katalog der J.A.-Ausstellung Flensburg 1910; früherer Besitzer: Albert Wersche, Berlin

121 *Blühende Hallig*, 1901. vgl. Katalog der J.A.-Ausstellung Flensburg 1910; früherer Besitzer: Kapitänleutnant Humann, Kiel

122 *Maitag auf der Hallig*, 1901. vgl. Katalog der J.A.-Ausstellung Flensburg 1910; früherer Besitzer: Wilhelm Merton, Frankfurt/M.

123 *Altes Hallighaus*, 1901. vgl. Katalog der J.A.-Ausstellung Flensburg 1910; früherer Besitzer: Franz Urbig, Berlin; 1945 verbrannt

124 *Auf der Hallig.* vgl. Katalog der Berliner Secession 1902

125 *Herbstabend am Krummsee*, 1902. vgl. Katalog der J.A.-Ausstellung, Flensburg 1910; früherer Besitzer: Dr. Andreae, Berlin

126 *Weiden im Frühling*, 1902. vgl. Katalog der J.A.-Ausstellung, Flensburg 1910; früherer Besitzer: Kommerzienrat Braunfels, Frankfurt a.M.

127 *Blühender Holunder*, 1902. vgl. Katalog der J.A.-Ausstellung, Flensburg 1910; früherer Besitzer: Direktor Hirsch, Frankfurt a.M.

128 *Sommertag auf der Hallig.* vgl. Katalog der Deutschnationalen Kunstausstellung Düsseldorf 1902

129 *Mühle auf der Hallig.* vgl. Katalog der Deutschnationalen Kunstausstellung Düsseldorf 1902

130 *Interieur aus Vierlanden*, o.J. vgl. Katalog der J.A.-Ausstellung, Flensburg 1910; früherer Besitzer: Oscar Vorwerk, Othmarschen

131 *Am Weiher.* vgl. Katalog der Berliner Secession, Berlin 1903

132 *Frühlingsstimme auf Hallig Hooge*, 1903. Öl auf Leinwand, 55 x 82,5 cm. Privatbesitz

133 *Blühende Hallig*, 1903. vgl. Katalog der J.A.-Ausstellung, Flensburg 1910; früherer Besitzer: Konsul Rosenberg, Berlin

134 **Blühende Hallig*, um 1903. Öl auf Leinwand, 98 x 118 cm. Nordfriesisches Museum Husum, Vermächtnis Senator M. D. Ketels, Hamburg

135 *Blühende Hallig*, um 1903. Öl auf Leinwand, 72,5 x 104 cm. Museumsberg Flensburg

136 *Blühende Hallig.* vgl. Westermanns Monatshefte, Juli 1903

137 *In der Sonne (Halligstube)*, 1904. Öl auf Leinwand, 59 x 75,5 cm. Museum der bildenden Künste Leipzig

138 *Halligdiele*, 1904. vgl. Westermanns Monatshefte, Oktober - Dezember 1908; früherer Besitzer: Rittergutsbesitzer A. Woworsky, Berlin

139 *Blühende Hallig im Mai.* o.J. vgl. Katalog der Berliner Secession 1904

140 *Blühende Hallig*, o.J. vgl. Zeitschrift Niedersachsen, 15.5.1904

141 *Blüten-Hallig im Mai.* vgl. Katlog der III. Ausstellung bei Paul Cassirer, Berlin 1904/05

142 *Spätsommer auf der Hallig.* vgl. Katalog der III. Ausstellung bei Paul Casirer, Berlin 1904/05

143 *Hallig-Häuser.* vgl. III. Ausstellung bei Paul Cassirer, Berlin 1904/05

144 *Hallig-Werft.* vgl. Katalog der III. Ausstellung bei Paul Cassirer, Berlin 1904/05

145 *Sommertag auf der Hallig.* vgl. Katalog der Münchener Jahresausstellung 1904

146 *Blühende Hallig.* Katalog der Münchener Jahresausstellung 1904

147 *Hohe Flut*, 1904. vgl. Katalog der J.A.-Ausstellung, Flensburg 1910; früherer Besitzer: Kapitänleutnant Humann, Kiel

148 *Hallig-Haus*, 1904. vgl. Katalog der J.A.-Ausstellung Flensburg 1910; frühere Besitzerin: Frau Prof. Friedrich Paulsen, Berlin-Steglitz

149 *Wasserlauf.* vgl. Katalog der III. Ausstellung in der Galerie Paul Cassirer, Berlin 1904/05

150 *Überschwemmung.* vgl. Katalog der III. Ausstellung in der Galerie Paul Cassirer, Berlin 1904/05

151 *Blütenbäume.* vgl. Katalog der III. Ausstellung in der Galerie Paul Cassirer, Berlin 1904/05

152 *Blühende Hallig.* vgl. Katalog der Zweiten Deutschen Künstlerbund-Ausstellung, Berlin 1905

153 *Blühende Hallig im Mai*, vgl. Katalog der Nordwestdeutschen Kunstausstellung, Oldenburg 1905

154 *Blühende Hallig im Mai.* Katalog der Internationalen Kunst-Ausstellung München 1905

155 **Porträt Aline Alberts*, 1905. Öl, 44 x 34 cm. Privatbesitz

156 **Blaue Diele auf Hooge (Erste Fassung)*, 1905. Öl auf Pappe, 70,5 x 78 cm. Museumsberg Flensburg

157 *Blaue Diele auf Hooge (Zweite Fassung)*, 1905. Öl auf Pappe, 70,5 x 78 cm. Privatbesitz

158 *Ziehende Wolken (Hallig-Ufer)*, 1905. Öl auf Leinwand, Öl auf Leinwand, 77 x 104 cm. Privatbesitz

159 *Blühende Rosen auf der Hallig*, 1905. Öl auf Pappe, 65 x 88 cm. Privatbesitz

160 *Stimmung am Watt*, 1905. vgl. Katalog der J.A.-Ausstellung, Flensburg 1910; früherer Besitzer: Dr. E. Wild, Berlin

161 *Abend am Meer*, 1905. vgl. Katalog der J.A.-Ausstellung, Flensburg 1910; früherer Besitzer: Dr. E. Wild, Berlin

162 *Backenswarft auf der Hallig Hooge*, 1905. vgl. Katalog der J.A.-Ausstellung, Flensburg 1910; früherer Besitzer: Architekt Z. Voigt, Kiel

163 *Abendstimmung auf der Hallig.* vgl. Katalog der Großen Herbst-Ausstellung Schleswig-Holsteinischer Künstler in der Kieler Kunsthalle, Kiel 1906

164 *Sommertag*, 1906. vgl. Katalog der J.A.-Ausstellung, Flensburg 1910; früherer Besitzer: Wilhelm Bonn, Frankfurt a.M

165 *Halligwarft*. vgl. Katalog der Münchener Jahresausstellung 1906

166 *Blühende Hallig*. vgl. Katalog der Nordfriesischen Kunstausstellung, Wyk auf Föhr 1906

167 *Sommertag auf der Hallig*. vgl. Katalog der Nordfriesischen Kunstausstellung Wyk auf Föhr 1906

168 *Sommertag*, 1906. vgl. Katalog der J.A.-Ausstellung, Flensburg 1910; frührerer Besitzer: Wilhelm Bonn, Frankfurt a.M.

169 *Stilles Meer*, 1906. vgl. Seemanns Künstlermappen, Jacob Alberts, 1920; früherer Besitzer: Prof. Friedrich Paulsen, Steglitz

170 *Zeustempel mit der Akropolis in Athen*, 1906. vgl. Katalog der J.A.-Ausstellung, Flensburg 1910; früherer Besitzer: Kommerzienrat Goldfarb, Preußisch-Stargrad

171 *Stille See*. vgl. Jahrbuch Nordelbingen 1940

172 *Die Hallig im Spätsommer*. vgl. Katalog der Berliner Secession, Berlin 1907

173 *Halligwerft*. vgl. Katalog der Münchener Jahresausstellung, München 1907

174 *Frühling auf der Hallig*. vgl. Katalog der Münchener Jahresausstellung, München 1907

175 *Blühende Hallig im Mai*, 1907. vgl. Katalog der J.A.-Ausstellung, Flensburg 1910

176 *Hallig im Frühling*, 1907. vgl. Katalog der J.A.-Ausstellung, Flensburg 1910

177 *Studie von Sylt*, 1907. vgl. Katalog der J.A.-Ausstellung, Flensburg 1910

178 *Abendstimmung auf Sylt*, 1907. vgl. Katalog der J.A.-Ausstellung, Flensburg 1910

179 *Hallig im Frühling mit Blick auf das Meer*, 1907. vgl. Gustav Frenssen, Jacob Alberts, Berlin 1920; früherer Besitzer: Landrichter Dr. Kirschstein, Kassel

180 *Hallig Gröde*. vgl. Gustav Frenssen, Jacob Alberts, Berlin 1920

181 *Diele auf der Hallig*. vgl. Katalog der Berliner Secession, Berlin 1908

182 *Maientag auf der Hallig*. vgl. Katalog der Berliner Secession, Berlin 1908

183 *Zimmer auf der Hallig*. vgl. Katalog der Großen Kunstausstellung Dresden, Dresden 1908

184 **Zimmer in den Vierlanden*, vor 1908. Öl auf Pappe, 74 x 74,5 cm. Museumsberg Flensburg

185 **Blühender Holunder*, o.J. Öl auf Leinwand, 63,5 x 52 cm. Nordfriesisches Museum Husum, Vermächtnis Dr. Paul Wassily, Kiel

186 *Haus Sonnenschein*, o.J. Öl auf Leinwand, 77 x 93 cm. Privatbesitz

187 *Baumblüte in Vierlanden*, o.J. Öl auf Leinwand, 52 x 70 cm. Privatbesitz

188 *Halligstube auf Hooge*, 1908. vgl. Katalog der J.A.-Ausstellung, Flensburg 1910

189 *Halligstube auf Hooge*, 1908. Öl auf Pappe, 72,5 x 85 cm. Museumsberg Flensburg

190 *Frühling auf der Hallig*, 1908. Öl auf Leinwand, 83 x 113 cm. Privatbesitz

191 *Blühende Hallig im Herbst*, 1908. vgl. Katalog der J.A.-Ausstellung, Flensburg 1910

192 *Bewegte See*, 1908. vgl. Katalog der J.A.-Ausstellung, Flensburg 1910

193 *Frühlingsstimmen auf der Hallig*, 1908. vgl. Katalog J.A.-Ausstellung, Flensburg 1910

194 *Am Kellersee*, 1908. vgl. Katalog der J.A.-Ausstellung, Flensburg 1910

195 *Herbst am Ugleisee*, 1908. vgl. Katalog der J.A.-Ausstellung, Flensburg 1910

196 *Blühende Hallig auf Hooge*, o.J. Öl auf Leinwand. Privatbesitz

197 *Die Hallig im Spätsommer*, o.J. Öl auf Leinwand, 56 x 82 cm. Privatbesitz

198 *Hallig im Mai*, o.J. Öl auf Leinwand. Landwirtschaftskammer Kiel

199 *Halligkante*, o.J. Öl auf Leinwand, 102 x 119 cm. Privatbesitz

200 *Blick über das Wattenmeer*, o.J. Öl auf Leinwand, 99 x 119 cm. Industrie- und Handelskammer Flensburg

201 *Bühende Hallig*, o.J. Öl auf Leinwand, 63 x 77 cm. Privatbesitz

202 **Hallig Gröde mit Blick auf Nordstrandischmoor und Hamburger Hallig*, o.J. Öl auf Leinwand, 82 x 82 cm. Schiffahrtsmuseum Nordfriesland Husum

203 *Blick auf Pellworm*, Privatbesitz

204 *Halligwarft mit Priel*, o.J. Öl auf Pappe, 67 x 80 cm. Privatbesitz

205 *Halligwarft*, o.J. Öl auf Leinwand, 51 x 70,5 cm. Privatbesitz

206 *Abend auf der Hallig*, 1909. Öl auf Leinwand, Öl auf Leinwand. Privatbesitz

207 *Abendstimmung*, 1909. vgl. Katalog der J.A.-Ausstellung, Flensburg 1910

208 *Hanswarf auf Hallig Hooge*, 1909. vgl. Katalog der J.A.-Ausstellung, Flensburg 1910

209 *Abendstimmung*, 1909. vgl. Katalog der J.A.-Ausstellung, Flensburg 1910

210 *Blick auf den Ukleisee*, 1909. vgl. Katalog der J.A.-Ausstellung, Flensburg 1910

211 *Der Ukleisee*, 1909. vgl. Katalog der J.A.-Ausstellung, Flensburg 1910

212 *Ukleisee*, o.J. Öl auf Leinwand. Privatbesitz

213 *Ostholsteinische Landschaft*, o.J. Öl auf Leinwand, 67 x 71 cm. Privatbesitz

214 *Ostholsteinischer See*, o.J. Öl auf Leinwand, 73 x 89 cm. Privatbesitz

215 *Am Krummsee*, o.J. Öl auf Leinwand, 80 x 106 cm. Privatbesitz

216 *Herbststimmung am Krummsee*. vgl. Katalog der J.A.-Ausstellung, Garding 1927

217 *Ukleisee im Herbst*, o.J. Öl auf Leinwand, 64 x 57 cm. Privatbesitz

218 *Bäume am Teich*, o.J. Öl auf Pappe, 50 x 62 cm. Nordfriesisches Museum Husum

219 *Ostholstein*, o.J. Öl auf Leinwand, 89 x 78,5 cm. Privatbesitz

220 *Am Eutiner See*, o.J. Öl auf Leinwand, 99 x 125 cm. Privatbesitz

221 *Herbst am See*, o.J. Öl auf Leinwand, 61 x 84 cm. Privatbesitz

222 *Kiefern im Frühling*, o.J. Öl auf Leinwand. Privatbesitz

223 *Ostholsteinische Seen*. vgl. Gustav Frenssen, Jacob Alberts, Berlin 1920

224 *Ostholsteinischer See*. vgl. Katalog der J.A.-Ausstellung, Nordfriesisches Museum Husum 1938

225 *Spätherbst am Uklei*. Katalog der J.A.-Ausstellung, Flensburg 1910

226 *Hallig im Spätsommer*, 1910. vgl. Katalog der J.A.-Ausstellung, Künstlerhaus Berlin, Berlin 1920

227 *Das Watt*, 1911. vgl. Katalog der Großen Berliner Kunstausstellung, Berlin 1914

228 *Küstenheide auf Föhr. Am Südstrand*, 1911. Öl auf Leinwand, 88 x 106 cm. Nordfriesisches Museum Husum, Vermächtnis Ella und Dr. Walter Fuglsang, Husum

229 *Max D. Ketels auf Teneriffa*, o.J. Öl auf Leinwand, 52 x 47 cm. Privatbesitz

230 *Südliches Meer*, o.J. Öl auf Leinwand, 52 x 47 cm. Privatbesitz

231 *Heide am Meer*, um 1912. Öl auf Leinwand, 89 x 107 cm. Privatbesitz

232 *Sommertag auf der Hallig*. vgl. Katalog Schleswig-holsteinische Kunst, Gartenbau-Ausstellung, Altona 1914

233 *Kornfelder auf Föhr*. vgl. Katalog Schleswig-holsteinische Kunst, Gartenbau-Ausstellung, Altona 1914

234 *Allee im Eutiner Schloßpark*, 1914. vgl. Katalog der J.A.-Ausstellung im Berliner Künstlerhaus, Berlin 1920

235 *Blühende Hallig*, um 1914. Öl auf Leinwand, 91 x 106 cm, Galerie Negelein, Kiel

236 *Porträt Frau Vorwerk*, um 1914, Öl. Privatbesitz

237 *Marsch bei Westerhever*, o.J. Öl auf Leinwand, 62,5 x 90 cm. Altonaer Museum Hamburg

238 *Marschland*, o.J. Öl auf Pappe, 46 x 69 cm. Altonaer Museum Hamburg

239 *Meine Heimat (Stufhusuen)*, o.J. Öl auf Leinwand, 80 x 69 cm. Privatbesitz

240 *Kreuzhof mit weißem Zaun*, o.J. Öl. Privatbesitz

241 *Kreuzhof*. o.J. Öl. Privatbesitz

242 *Blick zum Kreuzhof*, Öl auf Leinwand, 74 x 88 cm. Privatbesitz

243 *Blick vom Siekhof zum Kreuzhof*, o.J. Öl auf Leinwand. Privatbesitz

244 *Kreuzhof mit Regenstimmung*, o.J. Öl auf Leinwand, 23,5 x 29 cm. Privatbesitz

245 *Priel in Westerhever*, o.J. Öl auf Leinwand, 89 x 107 cm. Privatbesitz

246 *Wogemannsburg*, o.J. Öl auf Leinwand, 65 x 77 cm. Privatbesitz

247 *Blick auf das Berghaus*, o.J. Öl auf Pappe, 52,5 x 72 cm. Privatbesitz

248 *Auf Föhr*, 1915. vgl. Katalog der J.A.-Ausstellung im Kunsthaus Berlin, Berlin 1920

249 *Schloß Eutin*, 1916. vgl. Katalog der J.A.-Ausstellung, Berliner Künstlerhaus, Berlin 1920

250 *Rotterdam*, 1915. vgl. Katalog der J.A.-Ausstellung, Berliner Künstlerhaus, Berlin 1920

251 *Kleine holländische Landschaft*, o.J. Öl auf Leinwand. Privatbesitz

252 *Flußlandschaft bei Haarlem*, o.J. Öl, 75 x 68,5 cm. Privatbesitz

253 *Porträt Lotte Alberts*, 1916. Öl auf Leinwand, 48 x 45 cm. Privatbesitz

254 *Griechische Plastiken*, 1916. Öl auf Leinwand, 80 x 69 cm. Privatbesitz

255 *Saburoffscher Jüngling*, o.J. Öl auf Leinwand, 59 x 39 cm. Privatbesitz

256 *Griechische Statuen*, o.J. Öl auf Leinwand, 66 x 72 cm. Privatbesitz

257 *Gipsabgüsse im Neuen Museum I*, o.J. Öl auf Leinwand, 48 x 76 cm. Privatbesitz

258 *Gipsgüsse im Neuen Museum II*, o.J. Öl auf Leinwand, 47,5 x 58,5 cm. Privatbesitz

259 *Holunderbüsche*, 1916. Öl auf Leinwand, 70,4 x 83,6 cm. Albert-König-Museum Unterlüß

260 *Blütenbäume*, o.J. Öl auf Pappe, 42 x 50 cm, Albert-König-Museum Unterlüß´

261 *Holunderbüsche*, 1916. vgl. Katalog der J.A.-Ausstellung, Berliner Künstlerhaus, Berlin 1920

262 *Weiden am Wasser*, 1916. vgl. Katalog der J.A.-Ausstellung, Berliner Künstlerhaus, Berlin 1920

263 *In Vierlanden*. vgl. Eiderstedter Nachrichten, 18.12.1917: Bild für 6.000 Mark verkauft

264 *Heudiemen*, 1918. Öl auf Pappe, 72 x 89 cm. Privatbesitz

265 *Sommertag in Westerhever*, 1918. vgl. Katalog der J.A.-Ausstellung, Berliner Künstlerhaus, Berlin 1920

266 *Blick in die Marsch*, 1918. vgl. Katalog der J.A.-Ausstellung, Berliner Künstlerhaus, Berlin 1920

267 *Blick aus der Stalltür*, o.J. Öl auf Leinwand, 64 x 70 cm. Privatbesitz

268 *Blick durch Fenster*, 1918. vgl. Katalog der J.A.-Ausstellung, Berliner Künstlerhaus, Berlin 1920

269 *Dämmerung*, 1918. vgl. Katalog der J.A.-Ausstellung, Berliner Künstlerhaus, Berlin 1920

270 *Am Meer*, 1919. vgl. Katalog der J.A.-Ausstellung im Kunsthaus Berlin, Berlin 1920

271 *Blick in die Marsch*, 1919. vgl. Katalog der J.A.-Ausstellung im Kunsthaus Berlin, Berlin 1920

272 *Marschlandschaft*, 1919. vgl. Katalog der J.A.-Ausstellung, Berliner Künstlerhaus, Berlin 1920

273 *Im Mai*, 1919. vgl. Katalog der J.A.-Ausstellung, Berliner Künstlerhaus, Berlin 1920

274 *Blick in die Marsch*, 1919. vgl. Katalog der Jubiläumsausstellung der Schleswig-Holsteinischen Kunstgenossenschaft, Kiel 1919

275 *Abendsonne in der Marsch*, 1919. vgl. Katalog der J.A.-Ausstellung, Garding 1927

276 *Der väterliche Marschhof*, 1919. vgl. Katalog der J.A.-Ausstellung, Berliner Künstlerhaus, Berlin 1920

277 *Meine Stube*, 1919. vgl. Gustav Frenssen, Jacob Alberts, Berlin 1920

278 *Blühender Frühling*. vgl. Katalog der J.A.-Ausstellung, Berliner Künstlerhaus, Berlin 1920

279 *Frühling*. vgl. Katalog der J.A.-Ausstellung, Galerie Commeter, Hamburg 1920

280 *Novemberstimmung*. vgl. Katalog der J.A.-Ausstellung, Berliner Künstlerhaus, Berlin 1920

281 *Herbststimmung*. vgl. Katalog der J.A.-Ausstellung, Berliner Künstlerhaus, Berlin 1920

282 *Flußlandschaft*. vgl. Katalog der J.A.-Ausstellung, Berliner Künstlerhaus, Berlin 1920

283 *Innenraum mit dem Blick in die Ferne*. vgl. Katalog der J.A.-Ausstellung, Berliner Künstlerhaus, Berlin 1920

284 *Westerhever*. vgl. Katalog der Galerie Commeter, Hamburg 1920

285 *Sommertag in Westerhever*. vgl. Katalog der J.A.-Ausstellung, Berliner Künstlerhaus, Berlin 1920

286 *Blick ins Freie*. vgl. Katalog der J.A.-Ausstellung, Berliner Künstlerhaus, Berlin 1920

287 *Ziehende Wolken*. vgl. Katalog der J.A.-Ausstellung, Galerie Commeter, Hamburg 1920

288 *Blühende Hallig im Spätsommer*. vgl. Katalog der J.A.-Ausstellung, Galerie Commeter, Hamburg 1920

289 *Frühling auf der Hallig mit Blick auf das Meer*. vgl. Katalog der J.A.-Ausstellung, Kunsthaus Berlin, Berlin 1920

290 *Flieder*. vgl. Katalog der J.A.-Ausstellung, Galerie Commeter, Hamburg 1920

291 *Kresse*. vgl. Katalog der J.A.-Ausstellung, Galerie Commeter, Hamburg 1920

292 *Blumenstrauß mit Lilien*, o.J. Öl, 43 x 32 cm. Privatbesitz

293 *Blumenstrauß*, o.J. Öl auf Pappe, 50 x 45 cm. Privatbesitz

294 *Blumenstrauß mit weißer Vase*, o.J. Öl, 69 x 59 cm. Privatbesitz

295 *Rote und gelbe Dalien*, o.J. Öl auf Pappe, 53 x 54 cm. Privatbesitz

296 *Dalien in weißer Vase*, o.J. Öl auf Pappe, 46 x 62 cm. Privatbesitz

297 *Schale mit Rosen*, o.J. Öl, 37 x 48 cm. Privatbesitz

298 *Blumenstrauß*, o.J. Öl auf Pappe, 61 x 47 cm. Privatbesitz

299 *Violette Rosen*, o.J. Öl. Privatbesitz

300 *Blick von Bruhns Koppel*. vgl. Katalog der Ausstellung J.A. und Albert Johannsen, Stadthalle Rendburg 1921

301 *Frühling in Lugano*. o.J. vgl. Katalog Ausstellung Jacob Alberts und Albert Johannsen, Rendsburg 1921

302 *Übergang auf der Warft*. Schleswig-Holsteinisches Jahrbuch, Hamburg 1922

303 *Marschlandschaft bei Friedrichstadt*, um 1925. Öl. Privatbesitz.

304 **Blick in die Diele von Waterneverstorff*, o.J. Öl auf Leinwand, 64,5 x 78,5 cm. Nordfriesisches Museum Husum, Geschenk von Senator M. D. Ketels, Hamburg

305 *Gartensaal auf Waterneverstorff*, o.J. vgl. Theodor Riewert, Jacob Alberts zum 80. Geburtstag, Jahrbuch Nordelbingen 1940

306 **Interieur in Schloß Breitenburg*, o.J. Öl auf Leinwand, 79 x 101 cm. Nordfriesisches Museum Husum

307 *Schloß Breitenburg*. Brief J.A. an A. König („verkauft in Hamburg")

308 *Süderoog mit Mühle*, um 1925. Öl auf Leinwand, 73 x 88 cm. Privatbesitz

309 *Hof der alten Mühle*, um 1925. Öl. Privatbesitz.

310 *Judenfriedhof in Friedrichstadt*, um 1925. Öl auf Leinwand, 58 x 80 cm. Privatbesitz.

311 *Inneres einer Kirche*, o.J. Öl. Privatbesitz

312 *Kircheninneres*, Las Palmas. o.J. Privatbesitz

313 *Spanische Veranda*, o.J. Öl auf Pappe, 48,5 x 74,5 cm. Privatbesitz

314 *Treppe zur Kirche*. Öl. Privatbesitz

315 *Weißblühende Bäume*. Öl. Privatbesitz

316 *Halliglandschaft mit Steg*. vgl. Jahrbuch Nordelbingen 1940

317 *Hallig im Mai*. vgl. Katalog der J.A.-Ausstellung, Garding 1927

318 *Diele auf der Hallig*. vgl. Katalog der J.A.-Ausstellung, Garding 1927

319 *Abendstimmung auf der Hallig*. vgl. Katalog der J.A.-Ausstellung, Garding 1927

320 *Halligstimmung*. vgl. Katalog der J.A.-Ausstellung, Garding 1927

321 *Marschlandschaft im Mai*. vgl. Katalog der J.A.-Ausstellung, Garding 1927

322 *Levkojen*. vgl. Katalog der J.A.-Ausstellung, Garding 1927

323 *Herbstblumen*. vgl. Katalog der J.A.-Ausstellung, Garding 1927

324 *Inneres einer spanischen Kirche*, o.J. vgl. Katalog der J.A.-Ausstellung, Garding 1927

325 *Spanische Kirche*, o.J. vgl. Katalog der J.A.-Ausstellung, Garding 1927

326 *Süderoog*, 1928. Öl auf Leinwand. Privatbesitz

327 *Blick auf die Hallig*. vgl. Katalog der Jubiläumsausstellung im Flensburger Museum, Flensburg 1928

328 *Halligdiele*. vgl. Katalog der Jubiläumsausstellung im Felnburger Museum, Flensburg 1928

329 *Kirche in Westerhever*, o.J. Öl, 36 x 40 cm. Privatbesitz

330 **Kirche in Westerhever*, o.J. Öl auf Leinwand, 100 x 110 cm. Nordfriesisches Museum Husum

331 **Süderoog mit Priel*, 1929. Öl auf Leinwand, 79 x 96 cm. Privatbesitz

332 *Warft auf Süderoog*, o.J. Öl auf Leinwand, 62 x 72 cm. Privatbesitz

333 *Warftrand auf Süderoog*, um 1929. Öl auf Leinwand. Privatbesitz

334 *Diele auf Süderoog*, o.J. Öl auf Leinwand, 68 x 80 cm. Privatbesitz

335 *Mühle auf Hallig Gröde*, 1931. Öl auf Leinwand, 66 x 78 cm. Privatbesitz

336 *Hallig Gröde mit Mühle*, o.J. Öl auf Leinwand, 88 x 102 cm. Privatbesitz

337 *Landschaft auf Föhr*, o.J. Öl auf Leinwand, 52,5 x 70,5 cm

338 *Blühende Hallig im Mai*. vgl. Katalog der J.A.-Ausstellung, Nordfriesischen Museum Husum 1938

339 *Halligstimmung*. vgl. Katalog der J.A.-Ausstellung, Nordfriesischen Museum Husum 1938

340 *Abendstimmung auf Hallig Gröde*. vgl. Katalog der J.A.-Ausstellung, Nordfriesisches Museum Husum 1938

341 *Ausblick auf die Hallig*. Katalog der J.A.-Ausstellung, Nordfriesisches Museum Husum 1938

342 *Aufsteigendes Gewitter auf der Hallig*. vgl. Katalog der J.A.-Ausstellung, Nordfriesisches Museum Husum 1938

343 *Auf Süderoog*. Katalog der J.A.-Ausstellung, Nordfriesisches Museum Husum 1938

344 *Langeneß von der Hallig Hooge aus gesehen*. vgl. Katalog der J.A.-Ausstellung, Nordfriesisches Museum Husum 1938

345 *Rosen*. vgl. Katalog der J.A.-Ausstellung, Nordfriesisches Museum Husum 1938

Grafik

1 *Sylter Dünen*, 1898. Aquarell, 32 x 70,5 cm. Kunsthalle zu Kiel

2 *Bockmühle*, 1902. Lithographie, 61 x 75 cm, Nordfriesisches Museum Husum

Zeichnungen

3 Skizzenbuch, 1879. Privatbesitz

4 *Augustus mit der Bürgerkrone*, 1880. Weiße Kreide auf schwarzem Papier, 60 x 48 cm. Privatbesitz

5 *Römischer Frauenkopf*, 1881. Weiße Kreide auf schwarzem Papier, 61 x 47 cm. Privatbesitz

6 *Bruder Otto*, 1880. Kreide auf Papier, weiß gehöht, 30 x 24 cm. Privatbesitz

7 *Porträt Bauer Hinrichs*, 1881. Kohle, weiß gehöht, 58 x 50 cm (oval). Nordfriesisches Museum Husum

8 *Skizzenbuch Florenz*, 1886. Privatbesitz

9 *Männlicher Akt*, 1888. Kohle. Privatbesitz

10 *Hallighäuser auf Nordstrandischmoor*, 1892. Katalog der J.A.-Ausstellung, Flensburg 1910

11 *Alte Frau von Hallig Gröde (Studie)*, 1892. Katalog der J.A.-Ausstellung, Flensburg 1910

12 *Studie Hans Eck*, 1892. Gustav Frenssen, J.A., Berlin 1920

13 *Kartoffelschälerin*, um 1892. Reinhard Kekulé, J.A. In: Die Graphischen Künste, Leipzig 1894

14 *Studie 'Melancholische Frau'*, 1892. Katalog der J.A.-Ausstellung, Flensburg 1910

15 *Peterswarf auf Nordmarsch*, 1892. Katalog der J.A.-Ausstellung, Flensburg 1910

16 *Die alte Wiebke*, 1893. Kohle, weiß gehöht, 43 x 23 cm. Privatbesitz

17 *Porträt eines Seemannes in Westerhever*, 1893. Reinhard Kekulé, J.A.. In: Die Graphischen Künste, Leipzig 1894

18 *Hallighäuser (Studie)*, 1893. Reinhard Kekulé, J.A. In: Die Graphischen Künste, Leipzig 1894

19 *Ein Seemann von den Halligen*, um 1893. Reinhard Kekulé, J.A. In: Die Graphischen Künste, Leipzig 1894

20 *Andreas Ostermann*, 1894. Kohle, weiß gehöht, 40 x 30 cm. Privatbesitz

21 *Studienkopf eines alten Mannes*, 1894. Kohle, weiß gehöht, 30,7 x 44 cm. Schleswig-Holsteinisches Landesmuseum Schloß Gottorf, Schleswig

22 *Alter Friese von Hallig Gröde (Studie)*, 1894. Katalog der J.A.-Ausstellung, Flensburg 1910; früherer Besitzer: Otto Blumenfeld, Hamburg

23 *Weiblicher Studienkopf*, 1894. Katalog der J.A.-Ausstellung, Flensburg 1910: früherer Besitzer: Landrichter Dr. Kirschstein, Kassel)

24 *Weiblicher Studienkopf. Stienken Lene*, 1897. Kreide, weiß gehöht, 40,3 x 29,6 cm. Nationalgalerie Berlin, Kupferstichkabinett

25 *Männlicher Studienkop. Alter Fischer. Johann Friedrich Ostermann*, 1897. Kreide, weiß gehöht, 40,3 x 29,6 cm. Nationalgalerie Berlin, Kupferstichkabinett

26 *Stienken Lene (Studienkopf von Hooge)*, um 1897. Gustav Frensen, J.A., Berlin 1920

27 *Porträt Max Liebermann*, um 1899. Kohle, weiß gehöht, 40 x 30 cm. Schleswig-Holsteinisches Landesmuseum Schloß Gottorf, Schleswig

28 *Porträt Walter Leistikow*, um 1900. Kreide, 31 x 48,2 cm. Schleswig-Holsteinisches Landesmuseum Schloß Gottorf, Schleswig

29 *Porträt Hans von Ahnen*, 1900. Bleistift, 20,5 x 19 cm. Privatbesitz

30 *Nachbar Broders*, 1901. Kohle, 62 x 45 cm. Nordfriesisches Museum Husum

31 *Knabe von der Hallig*, 1901. Katalog der J.A.-Ausstellung, Flensburg 1910; früherer Besitzer: Dr. J. Stern, Berlin

32 *Alte Frau*, 1901. Katalog der J.A.-Ausstellung, Flensburg 1910; früherer Besitzer: Geheimrat Rathenau, Berlin

33 *Hallighaus mit Mühle*, 1902. Katalog der J.A.-Ausstellung, Flensburg 1910, frühere Besitzerin: Frau Magnus Voss, Husum

34 *Porträt Prof. Julius Kaftan, Berlin*, 1902. Katalog der J.A.-Ausstellung, Flensburg 1910; früherer Besitzer: Prof. Kaftan

35 *Porträt. Cissarz gewidmet*, um 1903. Kohle, 17,5 x 11 cm. Museumsberg Flensburg

36 *Junger Seemann (Studie)*, 1909. Katalog der J.A.-Ausstellung, Flensburg 1910

37 *Max Michelsen als Knabe*, um 1910. Feder und Tusche, 16,5 x 11 cm. Privatbesitz

38 *Porträt Max Detlef K.*, 1910. Kohle, weiß gehöht. Privatbesitz

39 *Max D. Ketels*, 1911. Kohle. Privatbesitz

40 *Alte Friesin*, o.J. Kohle. Privatbesitz

41 *Alte Friesin von Hallig Hooge*, o.J. Rötel, 42,5 x 30 cm. Nordfriesisches Museum Husum

42 *Porträt Dr. Kirschstein*, o.J. Kreide auf Papier, 41 x 31 cm

43 **Porträt Albert Johannsen*, 1911. Bleistift, 21 x 18,3 cm. Nordfriesisches Museum Husum

44 *Algerische Studien*, 1913. Bleistift. Privatbesitz

45 *Junge aus Biskra*, 1913. Rötel, 26 x 20 cm. Privatbesitz

46 *Berberkopf mit Turban*, 1913. Rötel, weiß gehöht, 62 x 48 cm (mit Rahmen). Privatbesitz

47 *Max Michelsen von Nordstrand*, um 1914. Kohle, 42 x 30 cm. Privatbesitz

48 *St. Gertrud in Hamburg-Barmbeck*, o.J. farbige Kreide. Privatbesitz

49 *Porträt Lorenz Nommensen*, 1920. Kohle. Privatbesitz

50 *Porträt Jan-Gottfried Diedrichsen*, 1923. Rötel, weiß gehöht, 45 x 30 cm. Privatbesitz

51 *Jungenkopf*, 1923. Privatbesitz

52 *Menschen in Madrid (Skizze)*, 1924. Kohle, 12,5 x 17 cm. Museumsberg Flensburg

53 *Junger Mann mit Mütze*, 1927. Kohle, 43 x 31 cm. Privatbesitz

54 *Geige spielender Knabe*, um 1928. Rötel, 32 x 48 cm. Privatbesitz

55 *Porträt E. Häfner*, um 1929. Kohle. Privatbesitz

56 *E. H. mit Geige*, um 1929. Kreide. Privatbesitz

57 *E. H. (Skizze)*, um 1929. Kreide. Privatbesitz

58 *Porträt Erich Häfner*, um 1929. Kohle. Privatbesitz

59 *Ägyptisches Skizzenbuch - 47 Zeichnungen*, 1929. Bleistift. Privatbesitz

60 *Gänse (Skizze)*, o.J. Bleistift, 16,5 x 11 cm. Privatbesitz

61 *Geflügel (Skizze)*, o.J. Bleistift. Privatbesitz

62 *Mutterschaf mit Lamm*, o.J. Bleistift, 10 x 12 cm

63 *Spanischer Knabe*, um 1930. Privatbesitz

64 *Junger Mann*, um 1930. Privatbesitz

65 *Blick über Friedrichstadt (Skizze)*, o.J. Privatbesitz

66 *Arthur Harnisch*, o.J. Feder und Tusche, laviert. Privatbesitz

67 *Kopf nach rechts*, o.J. Bleistift, 16 x 22 cm. Privatbesitz

68 *Kopf einer alten Frau*, o.J. Kohle, 24 x 18 cm. Privatbesitz

69 *Kopf im Profil*, o.J. Kohle, 43 x 31 cm. Privatbesitz

70 *Kopf von vorn*, o.J. Kohle, 43 x 31 cm. Privatbesitz

71 *Junger Seemann*, o.J. Rötel, 42 x 29 cm. Privatbesitz

72 *Junger Mann*, o.J. Rötel, 50,5 x 32,5 cm. Nordfriesisches Museum Husum

73 *Charakterkopf*, o.J. Rötel. Privatbesitz

74 *Junger Mann mit Hut*, o.J. Rötel, 61 x 48 cm. Privatbesitz

75 *Kinderporträt*, um 1933. Rötel, 42 x 30 cm. Privatbesitz

76 *Schafe (Skizze)*, 1934. Bleistift, 16 x 21 cm. Privatbesitz

77 *Seehunde (Skizze)*, 1934. Bleistift, 16 x 21 cm. Privatbesitz

78 *Akt (Skizze)*, 1934. Bleistift. Privatbesitz

79 *Junge*, 1934. Bleistift. Privatbesitz

80 *Eliese von Ahnen*, um 1934. Rötel, 47 x 31 cm. Privatbesitz

81 *Jacob Carl Eggers*, 1936. Rötel, 45 x 32 cm. Privatbesitz

82 *Junge Schwalben im Nest*, o.J. Bleistift, 16 x 22 cm. Privatbesitz